# 감사가 넘치는 문자를 위한 십계명

제 일은, 꾸준하라.
쉬지 않고 기도해야 하는 것처럼, 문자는 꾸준히 보내야만
합니다. 오늘까지는 반응이 없다 할지라도, 내일은 열매가
맺혀지기 때문입니다.

제 이는, 반응에 일희일비 하지 말라.
답 문자를 받으면 감사한 일이지만, 너무 연연하지 마십시
오. 반응에 일희일비 하게 되면, 꾸준함을 잃게 됩니다.

제 삼은, 규칙적인 날에 보내라.
적어도 보내는 요일만큼은 규칙적으로 정하십시오. 예상하
지 못한 문자도 기분이 좋지만, 기대하고 받은 문자는 더 큰
힘이 됩니다.

제 사는, 문자 보낸 것으로 만족하지 말라.
문자만 보내지 말고, 문자 이후에 전화나 직접 대면을 꼭 노
력하세요.

제 오는, 가급적 이름을 넣으라.
'우리', '당신', '그대' 대신에 가급적 이름을 불러주세요.
이름은 더 깊은 사랑을 느끼게 하기 때문입니다.

제 육은, 기도와 함께 하라.
한 명, 한 명에게 보낼 때마다 위해서 기도하십시오. 기도
하며 보낸 문자에는 사랑과 마음까지도 전달되는 법이니
까요.

제 칠은, 받는 이를 구분하지 말라.
문자는 젊은 층만의 도구가 아닙니다. 그 누가 되었든 감동
하게 될 것입니다.

제 팔은, 부담을 주는 답 문자를 하지 말라.
답 문자에 가벼운 답만 하세요. 한 번에 너무 많이 주고받으
면, 다음번엔 부담을 느끼게 됩니다.

제 구는, 통신 요금에 과감하라.
통신요금 절감을 생각해서 보내던 이들을 선별하지 마세
요. 지금은 때가 아니어서 별 반응을 보이지 않을 순 있지
만, 결국 관심과 사랑에 반응을 보일 테니까요.

제 십은, 문자 일기장을 만들라.
보낸 문자, 받은 문자들을 따로 모아서 일기장을 만들면 내
가 어떤 기도를 했었는지, 그의 삶이 어떻게 변화되었는지
알게 됩니다.

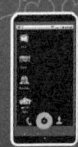

# 문자 메시지 전도 · 양육

"휴대전화로 전도하십시오
어떤 철문도 뚫고 들어갑니다"

정요섭 목사

나침반

문자 메시지 전도·양육

"80바이트의 사랑 120자의 희망""

저마다 힘겨울 때면 생각나는 사람이 있게 마련입니다. 가만 돌이켜보면, 그리움의 대상이 있는 것처럼 행복한 기억은 없습니다. 그만큼 나를 만져준 이들이 있음을 깨닫게 되기 때문입니다. 그렇습니다. 오늘의 나는 많은 사람들의 손때가 묻은 결과입니다.

지난 5년간 매주 보냈던 메시지 가운데 위로와 힘이 되었던 문자들과 새로이 전하고픈 희망을 모았습니다. 일일이 셀 수 없는 감사의 답문은 문자로 사랑을 전하는 일을 지속하게 할 수 있던 힘이었습니다. 문자로 보내는 하나님의 사랑, 작은 일이라 생각합니까? 받는 이들의 삶엔 결코 작은 힘이 아닙니다.

우리가 살고 있는 오늘, 저마다 손에 쥐고 있는 휴대전화에 하늘 복음, 사랑, 희망, 위로를 전하고 싶을 때, 복음의 가치, 삶의 진보를 일깨우고 싶을 때, 이 책의 글을 인용해 일주일에 한번 문자를 보내보세요. 밤새 멈추지 않는 눈물로 가슴앓이를 하던 이들, 방황하던 이들에게 분명 힘이 될 것입니다. 우리가 보내는 문자 한통은 위로와 희망 이상이 되어 하나님께서 주시는 위로와 평강, 용기가 함께 할 것입니다.

출판에 이르기까지 용기를 주었던 분들이 있습니다. 용기 있게 출판을 결정하신 나침반 출판사와 지면상의 문제로 감사의 마음을 전하지 못하지만, 싸이월드 클럽, '꿈이있는 미래교회'에 모든 감사를 담아 올립니다.

또한 나를 나 되게 하신 하나님, 아내 되는 오은주 사모, 판박이 딸 다은이, 그리고 어머니 이상호 권사님께 모든 특별한 감사를 드립니다. 사랑합니다.

정요섭 목사

한 호흡마다 기대를 담아
내일을 향해 편지를 띄우는 오늘.
피곤한 몸엔 쉼을.
아픈 마음엔 주님이 주시는 평화가 깃들길~

# 심장에 품은 사람에게

- 구역원, 속회원, 교우들에게

### 에피소드 1

'희망'이라는 노래를 만들어 봐요.

문자를 받는 포크송 가수, 문자를 받고 개인 미니홈피에 올리자 사람들의 반응, '언니, 너무 예뻐요. 희망이라는 노래를 만들어주세요.' 여기 문자는 노랫말이 되기도 합니다. 자유롭게 곡을 붙여보세요. 사랑, 희망, 노랫말이 됩니다.

## 1. 주님께서 눈물을 만져주십니다.

고통은 우릴 힘겹게 하지만, 살아 있다는 걸 확인시켜 줍니다. 눈물은 씻어낼 수 있기 때문에 흘리는 겁니다. 씻기고 나면 자연스레 멈출 거예요. 주님께서 만져주실 거니까요. 이사야 25장 8절

## 2. 사랑이 있음을 기억하세요.

사랑을 받고 있다면, 행복하죠. 순간순간 그 사실을 잊기에 우리가 속상해하는 겁니다. 그러나 사랑을 줄 수 있다면, 그 사랑은 잊혀지지 않을 것입니다. 행복하고픈 우리, 사랑을 줍시다. 그리고 행복합시다.

마가복음 10장 21절

## 3. 비를 머금은 구름, 주님의 말씀이 담겨있어요.

짙은 구름 속에 내리는 비가 시원하게 느껴집니다. 당신의 삶을 힘들게 하던 어려움도 이젠 걷힐 때가 되었습니다. 우리가 혹 희망을 놓칠까봐 번개와 천둥으로 확인시켜주는 그분의 센스~ 시편 56편 9절

## 4. 주먹을 이기는 건, 보자기입니다.

가위 바위 보를 보면, 삶의 지혜가 담겨 있습니다. 주먹을 이기는 건, 더 큰 주먹이 아니라 주먹을 감싸는 보자기이지요. 나를 괴롭히는 굴곡진 모든 삶도 주의 은혜라는 보자기로 감싸주세요. 삶이 더욱 평안해집니다. 잠언 17장 9절

## 5. 우리의 날숨에도 어떤 이는 소생합니다.

우리가 쓸모없다 내쉬는 날숨으로 물에 빠졌던 이는 살아납니다. 아무것도 아닌 듯 행했던 내 한 번의 미소에 절망중의 누군가는 희망을 발견합니다. 당신의 모든 행보에 생기가 깃들길 기도합니다.

고린도전서 15장 58절

## 6. 죄를 안고 있는 우리도 사랑하십니다.

죄는 미워하되, 사람은 미워하지 말라 했는데, 우리는 죄는 금세 잊고, 사람을 미워하네요. 하지만, 주님은 죄를 안고 있는 우리를 사랑하십니다. 그것도 열렬히! 마가복음 11장 25절

## 7. 내 생각은 내가 바꿀 수 있습니다.

나를 행복하게 하는 것이 다른 이를 행복하게 하는 것보다 쉽습니다. 생각도 마찬가집니다. 내 생각을 바꾸는 것이, 다른 이의 생각을 바꾸는 것보다 훨씬 쉽습니다. 내 생각을 바꾸면, 행복해집니다. 샬롬.누가복음 9장 29절

## 8. 팔 걷어붙이고 도우십니다.

사람이 감당할 수 없는 현실 앞에서, 걷은 팔이 부끄럽지만, 우리 손을 통해 위로하실 그분께 감사하며~ 당신의 삶을 주님께서 팔 걷어붙이고 도우시리라 확신하고, 또 기도하며, 당신을 사랑합니다.

시편 119편 52절

## 9. 일상의 고민에서 자유함을 얻으세요.

머리채를 흔들어도 떨어지지 않는 고민, 통장 잔고, 이력서와 오디션, 취업과 이직, 결혼과 출산, 자동차와 집… 그러나 하나님께서 우릴 두고 하시는 고민은 영혼과 사랑, 가치와 생명입니다. 일상의 고민에서 자유함을 얻으시길~ 마태복음 11장 28절

**10. 소망은 스산함과 아쉬움 속에 심겨 있습니다.**

가을걷이가 끝난 들녘, 떨어지는 낙엽, 아쉬움과 쓸쓸함을 더하지만, 주의 오심을 기다리는 간절함은 더해만 갑니다. 그렇게 스산함과 아쉬움 속에 소망이 심겨졌음에 감사하며, 오늘을 사는 우리 삶에 희망 한줌이 심어졌음을 잊지 마소서. 잠언 8장 17절

**11. 하나님께서 갚아주십니다.**

주면 받고, 받으면 되갚은 것이 우리 삶의 원칙이죠. 하지만 갚을 수 없는 이에게 주는 것에 대해서 하나님께서 대신 갚아주신답 니다. 사람에게 받으면 1대 1이지만, 하나님께 받으면 1대 100입니다. 사랑을 나누며 삽시다. 마태복음 20장 28절

## 12. 주님은 화합하고 행복하길 원하십니다.

귀신들렸던 청년이 주님을 따르기 이전에, 자신을 무덤가에 묶어놓았던 이들과 회복하길 주님 원하셨네요. 주님께선 어려움으로부터의 회피를 허락하지 않으십니다. 화합과 행복을 주십니다.

누가복음 8장 38절-39절

## 13. 주님은 과거 전력을 문제 삼지 않으십니다.

우리의 과거 전력이 우리에겐 중요하지만, 주님은 과거 전력을 문제 삼지 않으십니다. 늘 언제나 '오늘'을 중요하게 생각하십니다. 우리의 과거는 주님의 관심 밖입니다. 주님은 '오늘' 우리 삶에 평안을 약속하십니다. 기운내소서. 히브리서 8장 12절

**14. 위험은 면역력이 커가는 증거입니다.**

위험 요소가 없다는 것은, 건강할 수 없다는 것과 같습니다. 아이가 자라면서 흙도 만지고, 먹기도 하면서 면역력을 키워가는 거죠. 어려움을 겪어보지 않았다면, 쉬이 무너질 수밖에 없습니다. 오늘 어려움은 면역력이 커가는 증거입니다. 고린도후서 4장 17절

**15. 오직 그리스도께 집중하세요.**

보다 많은 정보를 얻기에 혈안이 되어 있지만, 정작 중요한 것은 참된 정보입니다. 정보가 많은 것은 유익이기도 하지만, 집중하지 못하게 하는 공해이기도 하지요. 오늘, 오직 하나, 그리스도께 집중하는 하루가 되시길~ 평강이 찾아옵니다. 이사야 26장 13절

```
ㄱ ㄱ  △▷
| | | |  ◁▽
○≡▽ ≡○ /−    ~오늘도!내일도!^  −^ *)/★
```

## 16. 내게 있는 것의 가치를 찾아보세요.

더 좋은 것을 선택할 수는 있죠. 하지만 지금까지 내게 주어진 것을 무조건 버리고 선택한다면, 더 좋은 것을 찾기 전에 내게 있는 것의 가치를 잃어버릴 수 있습니다. 오늘 우리 삶에 감추어진 보화가 있습니다. 마태복음 13장 43절

## 17. 본질이 아닌 것은 금세 잊혀집니다.

집이 넓어지면 좋지만, 며칠 보내고 나면 처음과 달리 감동과 편안함은 쉽게 잊혀지죠. 본질이 아니기 때문입니다. 환경의 변화는 금세 익숙해집니다. 그러나 하나님께서 우리를 사랑하신다는 것은 늘 감동할 수 있습니다. 시편 68편 19절

```
♡ㄱ 요일엔          ♡ㄱ 요일엔          ♡ㄱ 요일엔
ㅣ월ㅣ원래웃고~     ㅣ화ㅣ화가 나도     ㅣ수ㅣ수시로
└──♬~♪~♪♬♪      └──♡ 웃고~        └──♡밥먹듯이
~~♬~♪~♬♪        ㅣㅣㅣㅣ~//\ \       웃고~ *"''"*.
(*^▽^*)♪          (+ -_-)\(^ 0^ *)/     ---○  └┴┘
```

## 18. 날마다 새로운 에너지를 주십니다.

하나님 사랑의 크기는 날마다 새롭고, 날마다 커져
만 갑니다. 조금씩 바람이 빠지는 풍선이 아니라, 열
기구가 땅 위에 올라가듯, 날마다 새로운 에너지를
불어주십니다. 하나님을 앙망하는 자, 새 힘을 얻는
이유입니다. 시편 92편 5절

## 19. 사랑을 얻기 위해 할 수 있는 일이란 없습니다.

우리는 사랑을 받기 위해 어떤 일을 해야 한다고 생
각하지만, 성경은 사랑을 얻기 위해 우리가 할 수 있
는 일이란 없다고 말씀하십니다. 하나님께서 우리
를 보내셨기에, 그저 사랑하십니다. 그리고 기다리
십니다. 이것이 은혜입니다. 누가복음 15장 20절

```
♡┐ 요일엔                 ♡┐ 요일엔                      ♡┐ 요일엔
│목│ 목터져라            │금│ 금방금방                  │토│ 토끼처럼
└─♡힘껏웃고~            └─♡웃고~~                    귀엽게(^ 0^ )/
*┌─┐┌─┐              (^ 0^ )('▽')(^ -^ )(^ *^ )(^ ▽^ )('ㅡ')    웃자..(")x(")
~////  ▽  ////~
```

## 20. 굴복이 아닌 용서가 되기를

용서는 힘이 생겼을 때 해야 합니다. 힘없는 상태에서 용서하게 되면, 용서가 아니라, 힘에 대한 굴복이라 여길 수 있습니다. 오늘 하나님께 용서할 수 있는 힘을 달라고 기도해보세요. 우리를 용서하시는 하나님께서 도우실 거예요. 누가복음 6장 37절

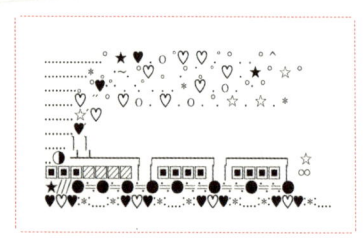

# 이 땅의
# 어머니, 아버지에게

- 자녀교육에 마음을 쏟고 있는
  부모에게

## 에피소드 2

요즘, 문자를 안보 내주시네요.

꾸준히 보내던 문자를 잠시 중단하던
때, 16세의 조카가 이모에게, '이모, 요
즘 목사님이 문자를 안 보내줘요.' 이 말
을 듣고, 다시 힘을 내어 문자를 보냈더
니, '이모, 목사님한테 문자가 왔어요.
아싸~'
하하, 문자를 기다리는 이들 덕에 포기
할 수 없네요. 답문이 없어도 꾸준히 보
내면, 결국 기다리는 이들이 있게 마련
입니다.

### 21. 자녀를 위해 기도하면, 도우십니다.

미래를 확인하고 온 건 아니지만, 시간과 우리를 만드신 하나님을 알건대, 인생에 가장 아름다운 내일을 주실 겁니다. 자녀를 위해 기도하는 부모의 눈물을 하나님께선 결코 무심히 흘려보내지 않으십니다. 시편 147편 13절

### 22. 우리 이름은 부모입니다.

out of sight out of mind는 부모의 자녀에 대한 마음에는 통용되지 않습니다. 버린 부모라 할지라도, 단 한순간도 자녀를 잊을 수 없습니다. 하나님께서 우리를 사랑하시는 마음을 그대로 전해 주었기 때문입니다. 이사야 49장 15절

### 23. 주님이 자녀의 삶에 서명하셨어요.

카드를 사용하고, 서명은 내가 합니다. 하나님께서 믿음의 자녀들을 만드시고, 그의 삶에 직접 서명하십니다. 사탄을 향해서도 명하시네요. 걘 건드리지 마라! 내 사람이다! 하고 말이죠. 이사야 49장 16절

## 24. '괜찮아'를 사용해보세요.

잘 되는 집안은 뭐가 달라도 다르다고 하죠. 핵심은 '아니요'보다 '좋아'라는 말을 더 많이 사용하는 것입니다. 자녀에게 '좋아, 괜찮아'를 연신 사용해보세요. 비판을 넘어선 능력이 나타납니다. 세 번이나 주님을 부인했던 베드로를 찾으신 예수님의 사랑으로요. 요한복음 21장 15절

## 25. 건강한 영향력을 끼치는 부모가 되세요.

오늘의 나는 무수한 사람들의 손때가 묻은 결과입니다. 그렇듯, 내 자녀들도 나와 누군가의 손때가 묻은 결과물이 되겠지요. 자녀 곁에 건강한 영향을 끼치는 일들로 풍성하길 기도합니다.

고린도전서 15장 10절

## 26. 내 아이, 하나님께서 키우십니다.

한나가 사무엘을 젖 뗄 때까지만 키우고 성전에 맡겼지요. 사실 아이는 하나님께서 키우시는 거잖아요. 내 욕심을 넘어 하나님의 뜻과 손길에 맡기면 모든 것이 아름다워 집니다. 주의 도우심을 기도하며… 사무엘상 1장 22절

## 27. 자녀 안에 희망을 보세요.

구름, 달리 보면 생명의 물을 품고 있듯, 희망을 품고 사물을 보면 달라집니다. 내게 맡겨진 자녀안에 품어진 희망을 보며, 기운 내는 한주 되길 기도합니다. 이사야 40장 26절

## 28. 칭찬보다 격려가 필요합니다.

잘했을 때는 누구나 칭찬을 받습니다. 그러나 실수를 했을 때 한마디 격려는 성과를 냈을 때의 열 마디 칭찬보다 더 큰 힘을 발휘합니다. 오늘 격려로 자녀에게 힘을 주는 하루 되어보세요. 잠언 25장 15절

### 29. 평온은 주님께로부터 옵니다.

잠시도 눈을 뗄 수 없는 순간들, 그리고 눈앞의 시험. 태풍과 삶의 폭풍이 두려움을 줄 때, 주님 품에 안겨 평온하길 특별히 기도합니다. 폭풍까지도 잠재우시는 분이시니까요. 마가복음 4장 39절

### 30. 할 수 있는 기도가 있잖아요.

시험을 앞둔 당사자도 불안하지만, 사실 더 불안한 건 지켜보는 사람들이죠. 대신해줄 수 없기에 더 안타깝긴 하지만, 그래도 할 수 있는 '기도'가 있잖아요. 기도 중에 도우시는 주님의 손길을 기다립니다.

누가복음 21장 36절

### 31. 믿음으로 오르면 희망이 보입니다.

하늘에 오르지 않고는 볼 수 없는 모습이 있습니다. 비행기를 타야 구름 저편의 모습을 볼 수 있듯, 믿음의 자리에 서야 볼 수 있는 모습이 있습니다. 믿음으로 올라 보십시오. 희망이 보입니다. 마가복음 9장 29절

## 32. 뒤를 보면, 가야할 방향을 알 수 있습니다.

뒤를 돌아본다는 건, 후회하고 있음을 말하는 것은 아닙니다. 가던 길에서 잠시 멈추어 숨을 고르는 시간도 필요한 법이죠. 뒤를 보면, 가야할 방향을 조정할 수 있습니다. 어디로 가야할지 돌아보는 시간이 되시길 기도합니다. 골로새서 4장 2절

## 33. 오르내리다보면 어느덧 정상에 서게 됩니다.

분명 산을 오르는데, 늘 오르막길만 있는 것은 아닙니다. 오르내리는 동안 어느덧 정상에 서는 것처럼, 자녀도 그렇게 정상을 향해 가고 있음을 잊지 마소서~ 이사야 40장 9절

## 34. 내 맘대로 된다고 행복한 것은 아닙니다.

마음대로 될 때 행복한 것이 아니라, 주님의 뜻에 맞게 이루어질 때 행복한 법입니다. 자녀가 내 맘대로 움직이지 않는다고 속 끓이지 마세요. 주님의 뜻대로 움직이고 있을 수도 있으니까요. 다만 더 기도하는 우리가 됩시다. 시편 40편 8절

**35. 희망은 눈에 보이는 것보다 가까이 있습니다.**

'사물이 눈에 보이는 것보다 가까이 있습니다.'라고 쓰여진 사이드 미러의 경고문을 '희망은 우리가 눈에 보이는 것보다 가까이 있습니다.'라고 읽으며 오늘을 보냅시다. 희망은 가까이 있습니다.

누가복음 7장 14절

**36. 고난 중에도 기쁨을 발견할 수 있습니다.**

봄이 와도 추위를 느낄 수 있다는 건, 고난 중에도 기쁨을 발견할 수 있다는 반증이기도 합니다. 오늘 어떤 삶 속에 있건 희망을 품을 수 있기를 기도합니다. 자녀가 오늘 그런 기쁨을 갖길 기도하며…사무엘하 7장 21절

**37. 사랑은 갈등을 없애는 길입니다.**

어려운 상황에 직면해서 모면하기 위해 애쓰기보다, 그 상황을 만들지 않는 것이 더욱 지혜로운 법이죠. 자녀와의 관계, 더 많이 사랑을 나누세요. 그것이 혹 모를 갈등을 없애는 길이니까요. 시편 91편 10절

## 38. 아직 남겨진 종이가 많습니다.

직선으로 오렸어야 하는데, 곡선이 되었다고 낙심하지 마세요. 하나님께서 다시 칼을 대시면, 곱은 길이 곧게 펴집니다. 아직 자녀의 인생은 남은 부분이 더욱 많이 있잖아요. 아직 남은 종이가 많습니다.

이사야 54장 14절

## 39. 하나님께는 적당한 거리가 없습니다.

사람끼리는 적당한 거리를 유지하는 것이 지혜라고 하지만, 하나님께는 적당한 거리가 없습니다. 그저 우리를 안아주실 뿐입니다. 하나님께서 자녀를 꼭 안아주십니다. 그러니 염려 놓으시길… 시편 65편 4절

## 40. 제대로 긋고 싶다면, 바른 자를 사용해야 합니다.

선을 제대로 긋고 싶다면, 바른 자를 사용해야 하지요. 우리 인생을 제대로 살고 싶다면, 바른 기준에 기대어 살아야 합니다. 길과 진리 되시는 주님으로 인해 바른 인생을 살아가는 자녀가 되길 기도합니다.

다니엘 6장 20절

# 출근길이 힘겨운
# 이들에게

– 직장 생활하는 성도에게

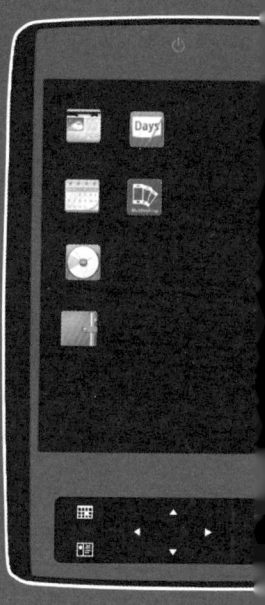

### 에피소드 3

포기하려 했는데, 다시 도전합니다.

'포기하려 했는데, 하나님께서 목사님
을 통해 다시 도전하라고 하시네요. 넵!
기운 내겠습니당!' 이런 답문이 힘이 됩
니다.
문자를 보낼 때마다 한 사람, 한 사람의
이름을 체크하면서 기도하면, 응답이 됩
니다. 그룹으로 체크해서 보내진 마세
요. 문자는 사랑이니까요.

### 41. 출근하기 힘겨운 아침을 맞는 이들을 위해

누웠던 자리가 못내 아쉬운 월요일 아침, 내딛는 걸음마다 입 꼬리가 살짝 올라가는 행복이 있길~ 주님께서 밤새 우리를 위한 오늘을 예쁘게 포장하셨어요. 피스~ ^^ 예레미야애가 5장 21절

### 42. 일이 잘 안 풀린다고 느끼는 이들을 위해

눕고, 안고, 기고, 서고, 걷는 과정을 모두 통과한 우리, 이제 무엇이 남았습니까? 소망으로 높이 솟구쳐 날아오르라! 땅을 딛고서 하늘을 보며… 주의 도우심이 있기를 기도하고 또 믿으며~ 이사야 40장 31절

### 43. 직장 생활에 회의를 느끼는 이들을 위해

내 생의 소망을 지우는 건 절망이 아니라 허무입니다. 허무에 무릎 꿇지 않으며 그댈 생각하는 이와 사랑하는 그분을 힘입어 끊어진 소망을 잇고, 그대여~! 오늘 다시 새롭게! 로마서 8장 20절~21절

## 44. 뭔가 부족하다고 느끼는 이들을 위해

욕심을 채우려면 끝이 없지만, 필요를 채우면 감사하게 됩니다. 오늘, 그리고 한주, 우리 삶에 꼭 필요한 목록마다 주님께서 결재하십니다. '넣어 둬, 넣어 둬~ 그거 ~ 내가 낼께~^^' 하시며 ~ 잠언 23장 5절

## 45. 상사, 업무 갈등을 겪는 이들을 위해

당신의 삶에 불쑥 불쑥 찾아오는 불안감과 반갑게 인사해줘요. 삶과 신앙의 성숙에 필요한 손님이니까요~ 너무 오래 붙들진 마세요. 불안은 떠나야할 손님이니까요, 주님의 평강이 주인으로 자리잡길~

시편 42편 5절

## 46. 꿈이 무너졌다 낙심하는 이들을 위해

세상을 아름답게 만들겠다던 꿈을 손 놓기엔 아쉽잖아요. 내가 참되면 분명 바뀔겁니다. 기대합시다!

전도서 3장 11절

## 47. 힘들다는 말을 쉬이 내뱉는 이들을 위해

힘겨움이란 단어가 오늘 내 삶의 절반을 차지합니까? 그러나 희망, 사랑이라는 단어가 흔들리지 않게 중심에 잡혀 있잖아요. 짙은 어둠, 짙어질수록 마음에 켜진 빛이 더욱 밝게 힘겨운 어둠을 몰아낼테니 ~이사야 31장 5절

## 48. 직장 생활의 의미를 못찾는 이들을 위해

만들려 했던 행복이 맘에 들지 않는 이유는, 행복은 만드는 것이 아니라 발견하는 것이기 때문입니다. 당신의 발자욱마다 가지런히 주님 주신 행복이 놓여 있네요. 찾아봐요~! 골로새서 2장 3절

## 49. 선택의 기로에 선 이들을 위해

고민의 끝은 어느 편에 설 것인지 결정하는 것입니다. 내 결정에 억지를 부리며 합리화하는 이들도 더러 있지만, 결국은 옳은 선택이 기쁨과 평안을 주는 법! 십자가의 죽음을 뚫은 주의 은혜가 우리 삶에 있기를 기도합니다. 여호수아 24장 15절

**50. 기쁜 직장생활을 꿈꾸는 이들을 위해**

죽음을 앞둔 며칠 전, 몇 번이고 반복해서 하신 말씀이 있습니다. "내 안에 거하라. 나도 네 안에 있으리라." 반복해서 하는 말은 특별히 중요해서 강조하는 것이지요. 주님 안에 거하면, 기쁨이 넘칩니다!

요한복음 15장 11절


**51. 하루에도 몇 번씩 마음이 요동치는 이들을 위해**

특별한 날 떠오르는 사람이 있는가 하면, 특별하지 않은 날 떠오르는 사람이 있습니다. 삶은 이들 때문에 더 특별한 법이죠. 하나님께 우리는 '항상'입니다. 오늘 '항상' 베푸시는 주의 은혜가 더 특별한 날 되길… 데살로니가후서 1장 3절


**52. 누군가 미워서 힘겨운 이들을 위해**

오늘의 분냄도, 절망도, 아픔도, 내일은 넘어서는 어제가 될 거예요. 활짝 웃는 내일을 기대하며… 평안이 있을지어다! 샬롬 여호수아 3장 5절

## 53. 열정이 사라졌다 생각하는 이들을 위해

매년 봄이면, 우리를 괴롭히는 황사가 옵니다. 그러
나 고난의 바람도 언제 그런 일이 있었냐는 듯 여름
에 시간을 보내죠. 이른 더위는 사실 주님께서 우리
심장에 붙여주신 불씨 때문입니다. 봤죠? 그 불씨가
우리를 빛나게 합니다. 히브리서 1장 7절

## 54. 사방이 막혔다고 생각하는 이들을 위해

오고 있는 태풍도 더 센 고기압 앞에서 진로를 바꿉
니다. 우리 사위는 주님께서 막아주십니다. 염려 말
고 보내는 하루하루 되소서~ 허리케인 같은 어려움
도 주님 앞에서는 무용지물입니다. 잠언 2장 7절

## 55. 실수로 인해 낙담한 이들을 위해

처음 맛봤을 인생의 낭패감에 흔들렸겠지만, 실패
가 아니라 시간을 조금 더 얻은 것입니다. 여유가 풍
요로운 내일을 낳는다는 거~ 내일은 활짝 웃는 얼
굴로 새로운 날이 열리기를 기도하며~ 역대하 15장 15절

## 56. 쉬운 길이 몹시 그리운 이들을 위해

쉽게 살고자 하면, 한없이 쉬워질 수도 있는 것이 우리네 삶입니다. 하지만, 쉽게 사는 것이 아니라 바르게 사는 것이 중요한 법이죠. 일터에서 빛을 발하는 그대가 되기를~ 마태복음 7장 13절

## 57. 선한 의지가 자꾸만 꺾이는 이들을 위해

원래 선한 것은 지켜내기 어렵고, 악한 것은 뿌리 뽑기 어려운 법입니다. 들판의 피가 더욱 무성히 자라는 것처럼 말이죠. 하지만, 우리 안의 선하신 뜻은 결코 뿌리 뽑히지 않습니다. 기운내세요. 로마서 12장 2절

## 58. 미운 사람으로 속상해 하는 이들을 위해

미꾸라지 한 마리가 개울을 흙탕물로 만들죠. 하지만 미꾸라지를 통해 정화되는 부분도 있는 거잖아요. 때로 오징어 씹듯 씹을 수 있는 대상이 있다해도 작은 미소를 띄워보세요. 좀더 여유로워집니다.

레위기 19장 17절

## 59. 누군가 싫은 마음 때문에 괴로운 이들을 위해

밀과 가라지는 함께 자란다는 것. 성경이 주는 지혜입니다. 맘에 들지 않는 사람이 부서를 옮기면, 또 다른 사람이 마음에 들지 않게 되죠. 그러나 추수 때는 분명히 나뉘게 됩니다. 흔들리지 않고 선을 이루는 당신이길~ 마태복음 13장 29절~30절

## 60. 마음, 감정 조절이 어려워 힘겨운 이들을 위해

문을 잘 잠가야 도둑이 들지 않는 법이죠. 그런데 잠그고자 한다면, 열쇠가 있어야 하는 법. 악한 것은 잠그고, 선한 것은 활짝 여는 당신이 되길 소망합니다. 우리 마음의 문. 열쇠는 우리 손 안에 있습니다.

요한계시록 3장 20절

△▷  /  △▷
◁▽  /  ◁▽ /
시원한 바람을 가득 담아 보냅니다~~

# 첫 걸음을 떼는 가족에게

- 초신자에게

4

에피소드 4
삭막한 마음에 포근함을 얻었어요.

'목사님이 보내주시는 문자는 시 같아
요. 삭막한 마음에 포근함을 얻었어요.
감사합니다.'
사실 우리가 쓰는 모든 언어는 시입니
다. 아름답게 꾸미지 않아도, 진심이 담
겨있다면 무엇보다 아름다워집니다.

## 61. 힘겨운 생각을 잠재우는 건, 주님의 소리입니다.

나를 힘겹게 하는 소리(넌 안돼~)에 귀를 닫고자 노력하면 할수록 더 또렷이 나를 괴롭힙니다. 소리를 잠재우는 건, 주님의 천둥 같은 소리입니다. '두려워 말라. 내가 너를 도우리라. 담대하라.' 지금 들었지요? 나에게까지 또렷이 들리네요. 이사야 41장 13절

## 62. 침묵은 우리를 강하게 합니다.

세상이 뜻대로 되지 않는 것이 침묵입니다. 자존심 상하는 것이 침묵의 시작입니다. 고난때문에 침묵이 찾아올 때 하나님을 만날 수 있습니다. 우리를 강하게 하시며 은혜를 주십니다. 시편 37편 7절

## 63. 하나님께 맡기면 좋은 것으로 갚아주십니다.

내가 하려하면 힘겹지만, 하나님께 맡기면 좋은 것으로 갚아주십니다. 모든 원통함을 주님께 맡길 때, 해결해주시는 하나님의 은혜를 체험하며 살아가는 우리가 됩시다. 잠언 16장 3절

**64. 만족한 삶은 하나님의 사람으로 비롯됩니다.**

돈 좋아하는 사람은 돈이 많아도 만족하지 못하고, 부를 좋아하는 사람은 많이 벌어도 만족하지 못한다고 전도서는 가르쳐줍니다. 그러나 하나님을 사랑하면, 하나님의 사랑의 크기에 날마다 만족한 삶을 누릴 수 있습니다. 전도서 5장 10절

**65. 믿음의 사람 곁에 있으면, 눈이 열립니다.**

엘리사 곁의 사환은 천군천사를 보지 못했습니다. 그러나 엘리사 곁에 있는 것만으로 하늘을 보는 눈이 열렸습니다. 믿음의 사람들과 함께 있는 것만으로도 새로운 삶, 하늘을 볼 수 있습니다. 지금 누구 곁에 있습니까? 열왕기하 6장 17절

**66. 작은 믿음으로 삶의 희망을 쥘 수 있습니다.**

주님은 우리에게 큰 믿음이 아니라, 겨자씨만한 작은 믿음만 있어도 태산을 옮길 수 있다고 하셨습니다. 작은 믿음만으로 삶의 희망을 손에 쥐는 오늘 하루가 되시길 기도합니다. 마태복음 17장 20절

## 67. 주님 눈에 우리가 가득합니다.

무의미하게 스쳐간 것들조차 특별하게 다가오는
오늘이 되길~ 주님 눈에 우리가 가득한 것처럼~
시편 118편 23절

## 68. 우리는 이유를 묻지만, 주님은 기다리십니다.

우리는 날마다 이유를 묻곤 하죠. 어려움의 이유, 미
움의 이유, 사랑의 이유들. 그러나 주님은 우리 삶의
이유를 묻지 않으시고, 그저 기다리십니다. 오늘 주
님이 기다리고 계십니다. 이사야 11장 3절

## 69. 하나님께 돌아온 것, 그것 하나만으로 모든 것을 포용
하십니다.

먹고 살기 위해 주님을 믿어도, 종교 하나쯤 있어도
될 듯해서 주님을 믿어도, 혼자서 살 수 없어서 주님
을 믿어도 괜찮습니다. 주님은 동기와 상관없이 당
신이 돌아오기만을 기다리시니까요. 이사야 44장 22절

### 70. 지금 당신으로 충분합니다.

우리 일상은 완벽한 준비 없이 치러지는 일들이 태반이죠. 믿음도 마찬가지입니다. 미처 준비되지 않았어도, 부르심에 응답한 우리를 주님이 믿음의 새로운 길로 인도하십니다. 지금 당신으로 충분합니다. 예레미야 3장 22절

### 71. 건강을 위해 기도합니다.

아픈 곳 없이 잘 지냈으면 좋겠어요. 밤을 보내는 게 쉽지 않은 때, 몸, 마음, 영혼 모두 건강과 평화가 깃들길 기도합니다. 주님 자비를 베푸소서~ 사랑하며 ~ 역대하 30장 9절

### 72. 힘들어도 기운내세요.

힘겹게 걷는 발걸음 바로 아래, 그곳에 주님께서 희망을 심어두셨네요. 기운내라고~ 이사야 63장 7절

### 73. 주님이 우리를 안아주십니다.

떼기도 어려워 머뭇거리는 한 걸음, 먼발치에서 보고 맨발로 달려가 안아주었던 아버지, 어머니의 마음으로 주님께서 안아주실 거예요. 그분의 품에 안겨 마음껏 하루를 토해내시길 ⋯ 누가복음 15장 24절

### 74. 이미 주님께서 어루만져 주셨습니다.

손바닥의 무수한 선들. 주님께서 내 삶을 만진 길입니다. 힘겨울 때마다 위로가 되길~ 이사야 49장 16절

### 75. 우리 방황은 주님 안에서 끝이 납니다.

혼돈, 마음을 휘감아 생각이 향방 없이 날뛸 때, 주의 빛이 질서를 세워줍니다. 오늘 우리 마음에 창조의 빛으로 생의 길이 분명해지는 삶이길 축복하며 ⋯ 시편 112편 4절

## 76. 당신을 위해 기도합니다.

이 밤, 고요와 소박함 속에서 그댈 위해 기도할 수 있음에 감사합니다. 무엇보다 삶의 무게 속에서도 강건한 어깨와 굳센 힘을 주시길… 싸늘한 바람이 포근해지는 주님의 은혜가 가득하기를 바랍니다.

시편 27편 1절

## 77. 주님은 당신을 택하셨습니다.

선택은 어렵고, 결정은 또 다른 아쉬움을 낳습니다. 그러나 주님의 선택은 분명하고, 주님의 결정은 후회하심이 없습니다. 지금, 우리의 삶이 어떠하든지, 그분의 사랑에는 변함과 후회가 없습니다. 이사야 42장 6절

## 78. 눈을 들면 전혀 다른 세상이 보입니다.

비 때문에 불편하기도, 짜증나기도 하지만, 긴 겨울 가뭄을 생각한다면, 감사한 일이겠지요? 눈을 돌리면 세상의 다른 측면이 보이고, 눈을 들면, 하늘로부터 임하시는 전혀 다른 세상이 보입니다. 처진 어깨를 곧추 세우고, 기운내소서 ~ 이사야 60장 20절

79. **부와 가난은 마음의 상태를 말하는 겁니다.**

부와 가난은 마음의 상태를 말합니다. 자신을 가치 있게 여기는 순간이 부의 출발점이죠~ 그토록 꿈꾸던 마음의 부가 주님과 함께 넘치는 햇살 속에 임하길 기도합니다. 에베소서 5장 8절

80. **감사를 지키는 우리가 됩시다.**

'잃어버리다'의 반대말은 '지키다'입니다. 오늘 감사를 잃고 살아가는 많은 사람들 가운데, 하나님의 은혜에 대한 감사를 지키는 당신이 되길 바랍니다. 감사를 지키면, 더 큰 감사가 찾아옵니다.

신명기 12장 28절

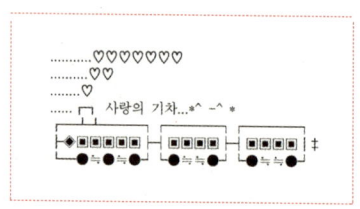

# 마음에 품은 이에게
- 전도대 상자에게

### 에피소드 5
제가 직접 보내기는 쑥스러워서.

교제하던 형제가 힘겨워하는 모습에 안
타까워하던 자매, '목사님, 이 문자, 그
형제에게도 보내주세요. 진짜 힘이 날
것 같아요. 제가 직접 보내기는 쑥스러
워서… 헤~ ^^' 문자를 보내주었더니,
바로 답문이 왔습니다.
'감사합니다. 정말 제게 딱 필요한 말씀
이네요. 기운 내겠습니다.'
직접 전하기 힘들 땐, 간접적으로라도
전해주세요.

### 81. 주님은 우리 편이십니다.

다른 사람이 나를 험담하고 욕해도, '아니야, 걘 그럴 리가 없어.' 하며 눈에 쌍심지를 켜고 나를 옹호했던 분이 계시답니다. 오늘 그 사실을 깨달았으니, 고맙다고 해야겠어요. 그의 눈을 보면서 이렇게, '주님 감사합니다.' 이사야 41장 9절

### 82. 하나님의 해결은 임시방편이 아니라 완전한 해결입니다.

심한 가뭄, 모든 방법은 임시방편일 뿐이죠. 하늘로부터 비가 내릴 때에야 해갈되듯, 갈라진 우리 삶에 하늘로부터 주의 은혜가 임하시길… 예레미야 5장 24절

### 83. 우리에겐 주님이 필요합니다.

삶의 계획 한 가운데서 갈림길을 만나 나침반이 필요한 우리에게 내 발의 빛과 내 길의 등불이 되시는 주님께서 빛을 비춰 주시길~ 시편 119편 105절

**84. 주님으로 인해 우리 삶은 변화됩니다.**

극적인 반전은 소설과 드라마의 백미입니다. 우리 삶을 디자인하시는 하나님은 최고의 작가이십니다. 드라마는 때로 sad ending으로 끝나지만, 우리 라이프 스토리는 happy ending이 준비되어 있습니다. 기대합시다. 내 삶의 행복 스토리를… 베드로전서 1장 9절

**85. 당신 곁엔 우리가 있습니다.**

삶은 결국 혼자 살아가는 것이라고 말하곤 하지만, 돌아볼수록 진리는 아니네요. 삶은 나를 위해 기도하는 이들과, 내 생을 살피시고 도우시는 그분과 함께 살아가는 것입니다. 야고보서 5장 16절

**86. 하나님은 우리를 늘 살피십니다.**

빛이 비췰 때면 여지없이 나타나는 그림자~ 그댈 향한 사랑이 꼭 그림자 같아요. 하나님께서 빛을 비추시자 어김없이 사랑이 나타나네요. 봐요~ 지금 우리 등을 간질이는 햇살 반대편 우리 시선이 머무는 곳에 주님의 사랑이 있으니~ 출애굽기 13장 22절

### 87. 한발만 더 떼면, 햇살 가운데 거합니다.

태양이 가려진 그늘, 그림자 아래에서도 햇살을 느낄 수가 있습니다. 그러나 한발자국만 더 떼면, 그늘이 아니라 완전한 햇살 가운데 거할 수 있습니다. 지금 삶이 그림자 져 있습니까? 한 발자국만 나서면, 주님의 빛 아래 거할 수 있습니다. 야고보서 1장 17절

### 88. 진정한 행복은 주님안에서 얻을 수 있습니다.

쉽게 먹기 위해 패스트푸드를 찾다보면, 패스트푸드 때문에 건강을 잃게 됩니다. 쉬운 길은 있습니다. 그러나 삶의 진정한 행복은 쉬운 대로가 아니라, 주님의 길을 걸을 때 얻어집니다. 이사야 54장 10절

### 89. 인생의 중심축, 마음에 하나님을 심어야 합니다.

수레바퀴에서 가장 안정적인 곳은 중심축이죠. 중심으로 갈수록 움직임의 폭은 줄어들지만 더 큰 영향력을 발휘합니다. 우리 삶의 중심축은 마음입니다. 마음에 하나님을 심으면, 삶은 더욱 평안해집니다.

시편 51편 6절

**90. 귀기울여 하나님 말씀을 들으세요.**

하나님의 말씀은 허투루 땅에 떨어지는 일이 없는 법입니다. 문제를 겪고 들을 것인지, 그렇지 않고 들을 것인지는 우리 선택에 달려 있죠. 하나님께선 하나님의 일을 행하시기 때문입니다. 조금만 귀를 기울이면 들을 수 있습니다. 신명기 32장 2절

**91. 기다리는 사람, 찾는 사람은 복이 있습니다.**

목마른 사슴이 시냇물을 찾듯, 길 잃은 아이가 부모님을 찾는 것처럼, 하늘의 도움을 기다리는 우리에게 주님이 말씀하셨어요. '네가 물 가운데 건너갈 때에 함께 있겠다. 네가 불 속에 걸어가도 내가 보호하리라.' 이사야 43장 2절

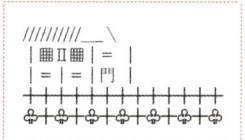

### 92. 우리에게 필요한 건, 여유입니다.

아침을 먹으며 점심의 일을 생각하고 염려하는 분
주한 우리 삶. 일렁이는 바다에서도 태평하게 잠을
주무시던 주님, 주님의 여유가 당신에게도 있기를
소망합니다. 혹 잘못된 선택을 했다고 해도 낙심하
시 마세요. 아직 교정할 시간은 충분하니까요.

마태복음 8장 24절

### 93. 어려움을 뚫고 왔기에 특별합니다.

아이가 엄마에게 특별한 이유는, 아이를 뱃속에 10
개월간 불편을 감수하며 키우고, 자신의 생명과도
맞바꾸는 출산의 위험을 감내했기 때문이죠. 주님
은 우리를 위해 자신의 생명을 기꺼이 내어놓으셨
습니다. 시편 2편 7절

**94. 움직이면, 채워주십니다.**

모든 조건이 갖추어진 뒤에 일을 추진하는 것은 사람의 계산법이죠. 그러나 하나님의 방법은 말씀에 따라 움직일 때, 모든 필요를 채워주시는 것입니다. 지금 한걸음을 떼면, 하나님께선 두 세 걸음으로 화답하실 거예요. 빌립보서 4장 19절

**95. 구경꾼이 아니라 주인공이 되세요.**

땀이 없는 곳에 보람, 결실은 없는 법이죠. 경기장 덕 아웃에 있는 이들은 같은 팀이지만, 구경꾼에 가깝습니다. 당신, 믿음의 경로에서 구경꾼이 아니라 주인공이 될 바라며 기도합니다. 골로새서 2장 5절

**96. 하나님의 손길이 닿으면 풍성해집니다.**

내게 남아 있는 것이 별 것 없다고 염려하지 마세요. 엘리사를 도왔던 과부, 기름 한 병뿐이었지만 하나님의 도우심으로 긴 가뭄을 이겨낼 기적을 체험했습니다. 우리 손에 있는 것, 하나님의 손길이 닿으면 풍성해집니다. 열왕기하 4장 2절

### 97. 행복은 회복시키는 데 있습니다.

과학기술의 발전으로 삶이 편안해졌지만, 그만큼 행복해진 건 아니지요. 삶의 진정한 발전은, 또한 행복은 아름다움을 회복시키는 데 있습니다. 우리 안에 그리스도의 사랑이 회복되면 행복도, 아름다움도 찾을 수 있습니다. 시편 51편 12절

### 98. 그리스도를 붙잡으세요.

외줄 길을 걸어가는 인생, 중심을 잡아줄 긴 바 하나 있다면 충분히 건널 수 있습니다. 인생의 고비 고비마다 그리스도를 붙잡으면 헤쳐나갈 수 있습니다. 당당히 한 걸음 내딛는 당신이길 기도합니다.

창세기 35장 3절

### 99. 우리에겐 다음이 있습니다.

오늘은 실패일 수 있지만, 우리에겐 내일이, 그리고 다음이 있습니다. 다음이 기약되어 있기에 오늘을 이겨낼 수 있는 법입니다. 기운내세요. 그리스도 안에서 다음이 있습니다. 요한복음 16장 33절

**100. 심어야 싹을 틔웁니다.**

희망이라는 씨앗, 사랑이라는 씨앗, 믿음이라는 씨
앗을 심어야 싹을 틔웁니다. 앉아서 열매를 바라지
말고, 오늘 그 희망의 씨앗을 심는 우리가 됩시다.
사랑하며~ 고린도전서 15장 43절

```
+..₀ .++..₀ .++..₀ .+ \ | /.* *..₀ .++..₀ .++..₀ .
+..₀ .++..₀ .++..₀ ..--☆--.*. *..₀ .++..₀ .++..₀ .
+..₀ .++..₀ .++..₀ .+ / | \..*..₀ .++..₀ .++..₀ .
+..₀ .++..₀ .++..₀ .++..₀ *..₀ .++..₀ .++..₀ .
。 。 。 。 。 。 。 。 。 *..₀ .++..₀ .++..₀ .
Ⅱ___.__| 。 。 。 。 。 。 。 。 。 。 。 。 。
___/\ | 。 。 。 。 。 。 。 。 。 。 。 。
口■ | ♡ | 。 。 。 。 。 。 。 。 。 。 。 。
/////// \。 。 。 。 발도장....*^ ^ *。 。 。 。 。
| ▥ | ♡ | 。 。 행복하고 즐거운오늘 。 。 。
/////// \。 。 。 신나는 즐거운 일이 많길。 。
////////___ \ 。 。 。 바래요ㅋㅋ 힘내요~^ ^
| ▥Ⅱ▥ | = | 。 。 。 。 。 。 。 。 。 。
| = | = | 門 | 。 。 。 。
┼┼┼┼┼┼┼┼┼┼┼┼┼┼.&&.┼┼┼┼
우┼우┼우┼우┼우┼우┼우┼우┼우┼우┼우┼
♥━━━━━━━━━━━━━━━━━━♥
```

# 벗이 벗에게
## - 청년이 청년에게

**에피소드 6**

저 평생 목사님 교인 되고 싶어요.

일 때문에 지방으로 내려가게 된 교우,
문자를 보냈더니, '목사님, 저 평생 목사
님 교인 되고 싶어요~ 흑흑' 다시 답문
을 보냅니다. '그곳에서도 신앙생활 잘
하고~ 돌아오면, 그때 더 뜨겁게 사랑하
자~'
때로 잊는 게 두려울 때면, 문자를 보내
보세요. 잊을 수 없는 사랑이 전해집니
다.

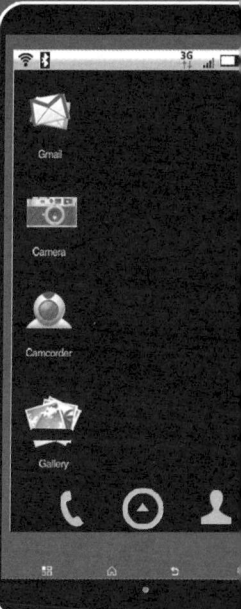

## 101. 네 노력, 그 자체로 참 좋다.

지금 네 진솔한 사랑도, 꿈을 이루려는 충실한 노력도 변함이 없어 좋아~ 너를 보며 나도 한 걸음 더 떼련다. 고맙다. 축복하며 ~ 갈라디아서 6장 9절

## 102. 약함을 들어 강하게 하신다.

강자가 승리하는 것엔 환희도, 기쁨도 없는 법. 약한 자가 강한 자를 쓰러뜨릴 때에 비로소 짜릿한 법이지. 하나님께서는 우리 약함을 들어서 강하게 하신다고 하잖니. 기운내자~ 연약해질수록 강해질 수 있음이니. 시편 118편 22절

## 103. 땅의 기준에 흔들리지 말자.

우리는 땅에 속한 사람들이 아니라, 땅에 발을 딛고서 하늘을 바라보며 살아가는 사람들이잖니~ 땅의 기준에 흔들리지 말자. 소유를 넘어 하나님께서 주실 것을 바라보며 함께 가자꾸나~ 욥기 35장 5절

### 104. 하나님의 눈으로 본다면 다르다.

진정한 쾌거는 하나님의 눈으로 나 자신을 보는 때 잖아! 바보같은 삶이라 나를 보지만, 하나님의 눈으로 본다면, 우리는 충분히 잘 살고 있음이니, 오늘, 그분의 눈을 잠시 빌려 기운을 내보자!

시편 82편 8절

### 105. 잘난 자에게는 기회를, 겸손한 자에게는 열매를 주신다.

잘난 자에게는 기회가 주어지지만, 최종 열매는 겸손한 사람들이 취하게 되는 법! 우리 겸손하게 하나님께서 주실 열매를 기다리자꾸나! 우리가 빈손인 이유는 하나님의 선물을 받기 위함이니.

시편 10편 17절

### 106. 자연은 속도를 내지 않는다.

자연은 속도를 내지 않지. 더 빨리 꽃을 피우려고 경쟁하지는 않잖아. 강물이 그 순서대로 흐르듯, 우리 자신의 자리에서 차분히 순서를 기다리자. 순서가 곧 올테니. 마태복음 6장 28절

## 107. 매일 매일 감동하며 살 수 있다.

매번 월척을 낚을 수 없고, 매번 홈런을 칠 수 없지만, 매번 내 삶에 하나님의 도우심을 체험할 수는 있는 것 같다. 살아가며 매일 매일 감동하는 우리가 되자. 고린도후서 2장 14절

## 108. 실은 좋은 일이 더 많단다.

한번 생각해보렴, 우리 삶에 좋은 일이 많았는지, 나쁜 일이 많았는지. 우리는 그저 나쁜 일이 많다고 생각하지만, 그 기억을 더 오래 가지고 있을 뿐! 잊지 말자. 주님께서 베푸신 은혜 가운데 살아가고 있음을. 이사야 46장 9절

## 109. 약속은 기억되어야 지켜진다.

약속은 기억해야, 기억되어야 지켜지는 법이지. 하나님께서 우리에게 하신 약속, 그 약속을 상기시켜드리는 일은, 우리의 예배일거야. 매일 매일이 예배가 되어 약속을 기억하시도록 돕는 우리가 되는 건 어떨까? 사도행전 2장 33절

## 110. 애초부터 내 것은 없는 법이다.

사실, 애초부터 우리에게 내 것은 없는 것이잖아. 하나님께서 허락하시면, 잠시 내손에 쥐어지는 것뿐! 이 믿음을 지키며 살자. 더욱 자유함을 느끼도록 말이야! 누가복음 12장 42절

## 111. 하나님께서 보장하신다.

우리가 딛고 있는 땅이 우리 평안을, 삶을 보장하는 것은 아니잖니. 하나님만이 우리 행복을 보장하시는 것! 그러니 지금처럼, 그렇게 믿음 가운데 굳게 서자! 이사야 25장 4절

## 112. 소망하자! 또 다른 땅이 주어짐이니!

주님의 손 안에 있는 사람들에게 평안과 기쁨이 주어지는데, 주님께서 주시는 평안은 그 누구도 손대지 못하잖아! 그러니 소망하자! 우리에겐 또 다른 땅이 주어짐이니! 요한복음 16장 33절

### 113. 나그네처럼 살지만, 불편함 없이 살았던 그들처럼

이 땅에서 나그네처럼 살아가는 인생. 하나님께서 도 장막에 거하시면서 유랑하신다. 우리 곁에서 말이야. 나그네처럼 살아가지만, 광야에서 어떤 불편함도 없이 살았던 이스라엘처럼, 우리도 그렇게 살아가고 있다! 신명기 10장 18절

### 114. 약속하신 모든 것을 하나님은 허락하신다.

기회를 놓치면, 그 대가를 지불해야 하는 법이잖아. 하나님의 공의는 그분의 뜻을 따르는 이들에게 약속하신 모든 것을 허락하시는 것이니, 우리 전적으로 그분을 따르며 살자구나. 시편 32편 6절

### 115. 한결같이 돈독해지자.

참 사람이 그래. 어려울 때는 서로 위로하며 보내다가도, 어려움에서 벗어나면 언제 그랬냐는 듯, 서로 시기하며 질투하는 게 우리네 삶의 모습이지. 우리 한결 같이 감사함으로, 비교하지 말고 위로하며 더욱 돈독해지는 우리가 되자. 마태복음 28장 20절

**116. 한결같은 주님, 오늘 우리에게 임하신다.**

어제나 오늘이나 한결같은 주님은, 오늘 우리 삶에 구원을 베푸실거야. 우리 주님의 하신 일을 기억하며, 힘을 내자꾸나! 우리 삶의 문제 앞에서 말이야. 당당하게! 출애굽기 13장 22절

**117. 과오는 지우는 것이 아니라, 덧칠하는 것이다.**

화가가 실수하면 캔버스를 다시 흰색으로 덧칠하고 새 그림을 그리듯, 우리 과거는 지우는 것이 아니라, 새로운 생명으로 덧칠하는 것이잖아. 지나온 날들을 지우려 애쓰지 말고, 하나님의 능력으로 새로 덧칠하고, 새 그림을 그리자! 이사야 1장 18절

**118. 기다림의 깊이로 충분하다.**

너무 늦었다는 것은 주님껜 없는 법이야. 주님이 오시기만 하면, 그동안의 기다림의 깊이로 충분한 것일 뿐! 이제 우리 절망을 끊고, 소망을 주시는 주님을 바라보자. 어둠은 이미 끝이 났잖아!

시편 40편 1절

119. **'오늘'이 희망이다.**

구원을 기다리는 우리의 긴 기다림 끝에는, 소망을
기다리는 우리의 긴 기다림 끝에는 '오늘'이라는
희망이 있잖아! 오늘, 바로 그 희망이 빛을 비춘다.
아자! 여호수아 23장 8절


120. **마음의 평안은 하나님께 맡길 때 찾아진다.**

상황과 조건은 때로 원하는 만큼 따르지 않는다고
해도, 마음의 평안은 찾아올 수 있는 것이잖아. 마
음을 하나님께 맡기면, 다스려지는 법. 우리 할 수
있는 대로 하나님께 마음을 맡기며 살아가자.

시편 37편 5절

```
 .::::. 어이친구
|  밥  | <--밥은
└─────┘ 먹은겨??
밥꼭꼭잘챙겨먹어
```

# 문득 떠오른 사람에게
## - 기도 중 생각나는 이에게

### 에피소드 7
어떻게 답문을 보내야할지 몰라서요.

문자를 보낸 다음 주일 날, '목사님, 문자 잘 받았는데요… 어떻게 답문을 보내야할지 몰라서요. 죄송했어요.' '하하~ 염려하지 마~ 답문이 없어도, 문자를 받고, 읽은 것만으로도 기도가 되고 힘이 되었으면 충분하니까'
답문을 기다리며 안달할 필요 없습니다. 문자를 보낸 것만으로도 기도가 되니까요.

### 121. 밥은 잘 먹고 다니죠?

밥은 잘 먹고 다니나요? 오랫동안 못 봐서 그런지 염려도 되고, 궁금하기도 하네요. 보고픈 마음을 담주까지 달래며 기도할게요. 건강과 주님의 보호하심까지~ 샬롬, 평화가 깃들길… 사도행전 27장 34절

### 122. 절제라는 성숙의 자물쇠를 채웁시다.

채워도 채워도 만족을 모르는 우리 욕심에, 절제라는 성숙의 자물쇠를 채워봅시다. 성숙의 기쁨, 자유함의 기쁨을 얻을 수 있을 테니까요. 어른이 된다는 것, 절제를 알아간다는 것이잖아요. 이미 충분히 성숙한 당신을 믿어요. 고린도전서 9장 25절

### 123. 일이 주는 유익으로 뿌듯한 하루이길

하고 싶은 일을 하는 것이 쉽고, 양식이잖아요. 지금 우리가 하는 일 속에서 즐거움을 얻을 수 있기를 기도합니다. 무언가를 하기 위해서가 아니라, 그 일이 주는 유익을 떠올리며 뿌듯한 하루되시길… 여호수아 1장 13절

**124. 나의 나 된 것은 주님의 은혜입니다.**

나무가 흙에 뿌리를 내리지 않으면 홀로 나무일 수 없듯이, 나는 우리를 통해 '나'가 됩니다. 우리를 보내신 하나님의 은혜죠. '나의 나 된 것은 오로지 주님의 은혜입니다.'는 고백이 절로 나오는 오늘입니다. 축복합니다. 고린도전서 15장 10절

**125. 삶의 편린을 맞추면 평안이 드러납니다.**

지나온 삶의 편린을 맞추어보면, '평안'이라는 단어가 선명히 드러나게 됩니다. 돌아보면, 모든 추억이 되듯, 오늘 삶도, 내일은 추억이 될 거예요. 기운내소서. 이사야 44장 21절

**126. 우울과 절망도 영원한 것은 아닙니다.**

열정을 찾고자 한다는 것, 열정이 영원하지 않다는 증거이기도 하지요. 권태, 우울, 절망도 영원한 것은 아닙니다. 혹 그것들이 찾아올 때면 손님처럼 맞이하세요. 하지만 손님이기에 곧 떠나갈 것입니다. 예레미야 20장 9절

### 127. 내 은혜가 내게 족함을 고백하길 원합니다.

아프리카의 주린 아이들을 보며 내 삶에 대해 감사 하기보다는 나보다 형편이 나은 이들을 보며 불평 하곤 합니다. 눈을 돌립시다. 내 은혜가 내게 족함 을 고백하는 삶이 되길 기도합니다.

고린도후서 12장 9절

### 128. 넘어졌을 때엔, 일어서면 됩니다.

넘어졌을 때 제일 먼저 해야 할 일은, 왜 넘어졌는 지를 생각하기보다 일어나는 것이 먼저입니다. 오 늘 넘어졌다면, 일어서면 됩니다. 그리고 다시 같 은 문제로 넘어지지 않기 위해 기도로 준비하면 그 거로 끝입니다. 누가복음 8장 54절

### 129. 성경의 기적은 우리에게도 가능한 일들입니다.

성경의 기적들은 오늘 우리 삶에도 충분히 가능한 일들입니다. 주님의 목표는 성경의 역사가 오늘도 살아 숨 쉬게 하는 것이지요. 믿음으로 일어서는 우리가 됩시다. 시편 40편 5절

**130. 주님은 절망에서 소망을 주십니다.**

죽음일지라도 주님 편에서 본다면 자는 것일 뿐입니다. 나사로를 잔다고 표현하신 주님, 절망에서 다시 소망을 찾아주시는 주님, 우리에게 오셔서 우리로 하여금 다시 깨어나게 하십니다. 기운내세요.

요한복음 11장 43절

**131. 믿음의 증인이 됩시다.**

눈에 보이는 증거를 찾다보면, 결국 미로 같은 함정에 빠지게 됩니다. 사실 믿음에 필요한 증거란 없는 법이죠. 주님께서 묻히셨던 무덤에서 화석 같은 믿음을 찾아다니지 말고, 내가 증인이 되어 힘을 발휘하길 소망하며… 요한복음 20장 29절

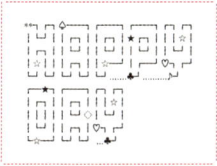

## 132. 하나님의 자녀라는 본질은 변하지 않습니다.

주위를 둘러보면, 선한 자녀가 있고, 악한 자녀가 있잖아요. 하지만 부모에게는 '자녀'라는 본질이 변하지는 않습니다. 하나님께서 우리를 자녀 삼아 주셨습니다. 우리가 어떠하든 본질은 변하지 않습니다. 사도행전 13장 47절

## 133. 내 본연의 모습이 경쟁력입니다.

노래를 가르치는 사람은 제자에게 본연의 목소리를 찾아주려 애쓰더군요. 그 누구에게도 없는 것이기 때문입니다. 사실 우리는 이미 차별화된 모습을 가지고 태어났잖아요. 내 본 모습이 경쟁력입니다. 기운내소서. 이사야 1장 26절

**134. 하나님의 사랑 안에서 하나입니다.**

에스겔을 통해 두 개의 막대기를 들어 서로 하나가 되게 하신 하나님. 하나님과 갈라섰던 우리, 하나님의 사랑으로 다시 하나가 됩니다. 이 신비로움에 오늘, 감격하는 하루가 되기를 소망합니다.

에스겔 37장 17절

**135. 우리는 공통점이 있어요.**

당신과 나, 우리는 한 하나님 아래, 같은 예수 그리스도를 모시고 산다는 공통점이 있습니다. 그렇기에 당신을 위해 기도하는 오늘이 행복합니다. 기운 내세요. 로마서 8장 28절

**136. 주님의 사랑은 조건이 없습니다.**

사단이 시위를 합니다. 쟤는 문제도 많고, 죄도 많은데 어떻게 그렇게 사랑 줄 수 있냐고. 당장 그 사랑을 멈추어 달라고. 그때 주님께서 말씀하십니다. '쟨, 내 사람이다.' 꿈쩍도 안하십니다. 이것이 주님의 은혜입니다. 사무엘상 25장 29절

### 137. 사랑은 사람을 변화시킵니다.

변하지 않고, 있는 그대로 사랑하며 인정해주는 사람을 찾는 건 넌센스입니다. 사실 사랑은 사람을 변화시키는 힘이 있기 때문이죠. 봐요. 주님으로 인해 우리 많이 변했어요. 사도행전 13장 39절

### 138. 선을 꿈꿀 수 있음에 감사합니다.

선을 생각하려면 한참을 걸려야했던 우리. 이제 주님으로 인해 머리한번 흔들면, 선한 의지가 절로 생겨납니다. 선을 꿈꿀 수 있음에 감사하는 오늘입니다. 디모데전서 6장 18절

### 139. 나를 찾기 위해 광야를 헤매셨어요.

목자가 이리로 가라고 인도하는데도, 다른 길로 가는 양은 싸가지 없는 양이죠. 그럼에도 그 양을 찾기 위해 온 광야를 헤매시는 분이 우리 주님이십니다. 그렇게 해서 찾아진 양이 곧 나잖아요. 한없는 사랑에 눈물짓는 밤에. 요한복음 10장 16절

**140. 주님은 우리의 삶을 아름답게 새기십니다.**

아스팔트의 편한 길을 걸으면 발자국이 남지 않지만, 불편해도 모래 위를 걸으면 발자국이 남는 법이죠. 오늘 우리 삶의 현재는 주님의 마음에 그대로 새겨집니다. 아름답게 말이에요. 수고하셨습니다. 베드로전서 2장 21절

```
.*☆*.   .*☆*.
☆. (ㄱ_ㄷ) .☆
.☆감사해요☆.
   .☆   ☆.
      .☆.
```

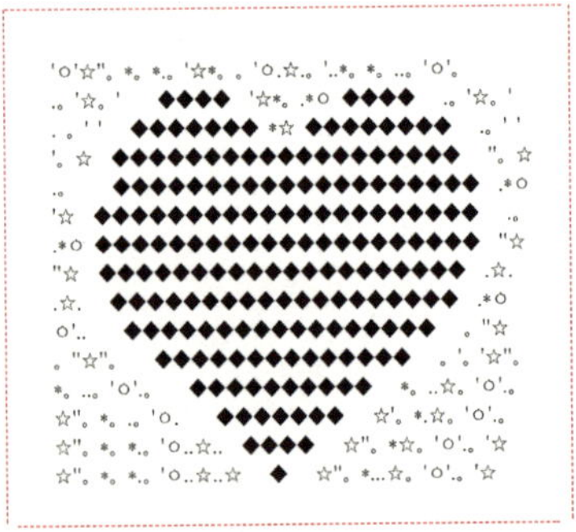

# 감사하는 마음을
# 전하고 싶을 때
## - 사랑을 고백하고 싶을 때

### 에피소드 8

스팸 문자가 의심되어 사용에 제한이
있습니다.

통신사 홈페이지를 활용해서 보냈던 적
이 있습니다. 그랬더니 경고창이 뜨더군
요. '스팸 문자가 의심되어 사용에 제한
이 있습니다. 고객센터에 확인해보세
요.' 하하… 그 뒤론 휴대폰으로 보냅니
다. 한 명, 한 명 이름을 보고 있으면, 기
도제목이 절로 생각나네요.
컴퓨터보단 휴대폰을 사용하세요. 보내
는 이도 더 정이 갑니다.

## 141. 큰 위로, 감사합니다.

위로받기 보다는 위로하는 자가 되려 했는데~ 오늘 당신을 통해 큰 위로를 받았습니다. 감사합니다. 오롯이 서가는 우리이길~ 씩씩하게 아자~!

이사야 52장 9절

## 142. 필요할 때마다 있어줘서 고마워요.

우리 사랑을 가슴에 담기엔, 내 심장이 너무 작네요. 고마워요. 내게 꼭 필요한 순간마다 당신이 곁에 있어서. 나 또한 당신 곁에 머물 수 있기를 기도합니다. 마태복음 26장 38절

## 143. 존재하는 것 자체로 내게 힘이 됩니다.

나밖에 남지 않았습니다. 하고 외쳤던 엘리야의 심정으로 주위를 돌아보았더니, 하나님 말씀대로 바알에 무릎 꿇지 않은 칠천 명 가운데 당신이 있어요. 존재하는 것 자체로 당신은 내게 힘이 되는 사람입니다. 열왕기상 19장 18절

**144. 연리지 나무처럼, 함께 해요.**

서로 다르게 태어났지만 함께 풍파를 겪으며 하나가 된 연리지 나무처럼, 악에 무너지지 않으며 서로 기대어 살아가는 우리가 되었으면 해요. 지금 내가 당신 곁에 기대어 있는 것처럼, 당신도 내게 기대어 힘을 내자구요. 마태복음 11장 29절

**145. 당신의 손길은 내 삶을 풍요롭게 합니다.**

지금 내 삶을 보면, 욥에게 부를 회복시켜주셨던 하나님의 방법, 딱 그대로네요. 친구들을 통한 도움의 손길로 이전보다 갑절의 은혜를 누리게 하신 하나님. 오늘 당신의 손길은 내 삶을 풍요롭게 합니다. 욥기 42장 11절

**146. 당신이 부르는 소리는 내겐 햇살이었습니다.**

부부조차 돌아서면 남이라고 하는데, 발길을 돌리며 터벅이는 내 한걸음에 울리는 벨소리 하나. 심장을 뛰게 합니다. 그냥이라 말하지만, 내겐 햇살이었습니다. 고맙습니다. 세포 하나하나 기억하겠습니다. 마태복음 13장 43절

**147. 당신의 기도는 나를 일으켜 세웁니다.**

넘어졌을 때 가장 힘이 되는 사람은, 손 내밀어 일으켜 세워주는 사람이죠. 당신의 기도는 나를 일으켜 세우는 반가운 손길입니다. 나 또한 그 손길을 오늘 내밀려 합니다. 기도를 들으시는 주님을 신뢰하므로. 마태복음 9장 27절

**148.** **오늘 당신에게 감사를 표합니다.**

감사는 선물한 이에 대한 최고의 표현이죠. 장난감
을 손에 쥔 아이가 뛸 듯이 기뻐해야 부모의 마음
에 단비가 내리듯, 그렇게 오늘 당신에게 감사를
표합니다. 그댄, 하나님께서 내게 주신 최고의 선
물입니다. 요나서 2장 9절

**149.** **나는 사랑에 빚진 자입니다.**

평생을 빚지며 살지 않기로 다짐했는데, 사랑을 빚
졌어요. 이 마음 어찌할 바 모르고 있는데, 바울사
도가 가르쳐줍니다. 오직 사랑에 빚진 자가 되라
고. 오늘 빚을 탕감받기 보다는 4배나 갚아주려 한
삭개오처럼 하렵니다. 기다리세요. 누가복음 19장 8절

## 150. 오늘 당신의 사랑에 감사합니다.

곁에서 보면 평범합니다. 마리아가 향유를 부어 주님의 발을 씻길 때, 곁에서만 보니 낭비처럼 느껴졌겠지요. 하지만 중심에 서면 상황은 달라집니다. 난 오늘 당신의 사랑 한 가운데 있었네요. 그래서 특별합니다. 누가복음 7장 38절

## 151. 사랑은 순위를 매길 수 없습니다.

'일등만 기억하는 더러운 세상'이라 말하지만, 사랑엔 순위를 따질 수 없음을 외쳐봅니다. 아버지와 어머니의 사랑을 비교할 수 없듯, 당신이 보여준 사랑은 비교 자체가 불가능합니다. 그 사랑이 있기에 오늘 내가 있습니다. 감사합니다. 시편 89편 6절

## 152. 함께 짐을 져 줘서 고마워요.

호흡을 같이해야 함께 하는 거겠죠. 예수님의 십자
가를 같이 지던 구레네 시몬처럼, 호흡을 같이하는
것만으로 주님을 믿었던 그처럼, 우리가 오늘 함께
진 짐은 무겁기보다 하나가 되었음을 일깨워 주네
요. 한걸음 뗄 때마다 감사가 내쉬어집니다.

마태복음 27장 32절

## 153. 당신은 하나님께로부터 왔습니다.

하나님의 사람인 당신, 악한 시대에 우리 존재의
근원이 하나님께로부터 왔음을 잊지 말아야 합니
다. 하나님께서 특별히 관심갖고 계시는 당신과
나, 그렇기에 빛을 발할 수 있습니다. 우리가 하나
님께 속해 있음에 감사합니다. 역대상 29장 14절

```
*"*.*""*
"*.너와*""*.*""*
  "-" *.나의*"
ㅇ ㅈ ㅓㅇ *"
ㅜ ㄴ forever
```

### 154. 내 앞에 있어주어 감사합니다.

고난의 오늘, 내 앞에. 슬픔의 오늘, 내 앞에. 환희
의 오늘, 내 앞에. 내 앞에 그렇게 있어준 당신에게
감사합니다. 집에 두고 온 황금개구리보다 주머니
속의 동전 두 개가 훨씬 귀하듯, 내 앞의 당신은 지
금 딱 필요한 존재입니다. 역대상 17장 8절

### 155. 믿음에 흔들리지 않는 당신은 소망을 공급해줍니다.

늘 그 자리에 있다는 것, 언제든 기댈 언덕이 되기
에 감사한 거죠. 먼 여행 뒤에 갖는 편안한 안식처
럼, 믿음에 흔들리지 않는 당신은 내게 소망을 공
급해줍니다. 시편 18편 2절

### 156. 당신은 내게 이젠 필수품이 되었습니다.

처음엔, 뭘 그런 걸 쓰나~ 하던 내비게이션도, 이
젠 없어서는 안 될 필수품이 되었죠. 우리가 경험
하는 모든 것은 처음엔 낯설어도 조금만 지나면,
부재를 상상조차 못합니다. 당신, 이젠 없어서는
안 될 필수품이 되었습니다. 시편 62편 2절

**157.** **당신 열정이 오늘 내 영혼을 일깨웁니다.**

활기찬 사람 곁에 있으면, 부러움과 시기심 이전에 나 역시 에너지가 넘치고 있음이 느껴집니다. 그래요. 당신 열정이 오늘 내 영혼을 일깨워주네요. 늘 열심히 사는 당신에게 주의 은혜 가득하길 기도합니다. 데살로니가전서 2장 17절

**158.** **은혜의 바람을 전하고 싶습니다.**

분명 바람은 불어오는데, 이 바람이 어디에서 시작했는지는 도무지 알 길이 없듯, 그렇게 하나님의 은혜도 불어오는 순간 느낄 뿐입니다. 지금 은혜의 바람 불어옵니다. 고마운 그대에게도 전해지는 오늘이길 기도하며. 요한복음 3장 8절

사랑과 행복 전송중 ■■■■■■■■■□ 99%

### 159. 불러준 이름에 주름까지 펴집니다.

주름진 손으로 얼굴을 쓸어내리던 할머니의 근심
도, '할머니!' 부르며 뛰어오는 손주의 목소리에
주름조차 펴지려 합니다. 당신이 불러준 내 이름에
마음의 주름까지 펴진 오늘입니다. 나도 당신 이름
부르며 기도하겠습니다. 요한계시록 3장 20절

### 160. 늘 그 자리에서 버팀목이 되어주세요.

모진 세상에 신앙을 지키는 것이 어렵다 생각할 무
렵, 당신을 바라보며 나도~ 하며 기운 낼 수 있음
에 감사해요. 지금 당신이 보여주는 신앙은 내게
정말 큰 힘이 됩니다. 늘 그 자리에서 버팀목이 되
어주세요. 마태복음 7장 24절

---

긍정적인표정
· 기쁠 때 : ^ ^ , :-) , (^ o^) , ^ m^, ^ L^ , ^ -^, ^ _^ , ^ ^
:-] , :D =) , :-i , =-) [^ _^] , 7=^ > , 8*)
· 부끄러운 얼굴 : *^ ^ * , (*^ o^ *) , *-_-*
· 만족햇을 때 : ^ o^ , :^ D
· 윙크하는 얼굴 : (^ .*) , ^ .~ , (*.-)
· 신이 났을 때 : y(^ o^ )yeah , ^ o^ ~~♬

---

# 위로와 용기를
# 주고 싶을 때
## - 지쳐 보이는 이들에게

**에피소드 9**

트위터로 하시죠?

요즘 한창이죠. 트위터가 주는 힘과 폭
발력에 교회 청년이 권유하더군요. '목
사님, 트위터로 하시죠? 더 많은 사람도
보게 되구요.' 한참을 생각하다 결론을
내렸습니다.

'문자는 보내면서 그를 위해 기도하지
만, 트위터는 그렇게 못해서~ 난, 계속
문자 보내련다.'

### 161. 가난하기에 완전히 주의 도움으로 살 수 있어요.

가난은 슬픈 일이라, 여러모로 불편하고, 꿈을 꾸기에도 힘겨운 건 사실이죠. 그런 우리에게 하늘나라가 있는 거겠죠. 주님께서 말씀하셨듯, "가난한 자는 복이 있다. 천국이 저희 것이다."

누가복음 6장 20절

### 162. 우리에겐 희망이 있어요.

햇볕 한 움큼, 우리 심장에 웅크린 어둠을 몰아내네요. 짙은 어둠도 작은 촛불 하나로 물러가듯, 주님 주시는 햇살, 우리 어둠을 몰아냅니다. 주님 주시는 희망의 봄, 날개펴길 기도하며~ 이사야 58장 10절

### 163. 하나님께서 책임지실 거예요.

고단한 내 오늘의 상황에 대해 적어도 50퍼센트는 하나님께 책임이 있습니다! 그래서 반드시 책임을 지실 거예요. 에덴에서 쫓겨난 아담과 하와에게 가죽 옷을 지어주신 것처럼. 창세기 3장 21절

**164. 여유를 가지세요.**

삶에 기적 같은 일을 기다리나요? 기다림이 있다
는 건 희망이 있다는 겁니다. 우리 기다림이 현실
이 되길~ (혹, 더디다고 낙담하지 마요. 다급한 상
황이 아니라는 주의 메시지니까요~ 여유를 갖길
~) 예레미야애가 3장 26절

**165. 당신과 함께 기도합니다.**

폐의 압박을 느끼는 순간마다 도무지 닿을 것 같지
않는 고난의 끝에서… 기도하며 또 기대합니다. 이
젠 발 딛고 설 수 있는 여유를 달라고~ 아니 내가
먼저 그 끝에 닿아 받아 안을 수 있게 해달라고~

고린도전서 1장 7절

### 166. 아슬아슬한 삶, 주님이 지켜주십니다.

외줄 위를 걷는 것 같은 삶, 조금이라도 방심하면 이내 나락으로 떨어질 것만 같은 삶을 살아내느라 얼마나 힘드세요? 무게 중심을 잡아줄 긴 바만 있으면 외줄도 건널 수 있듯~ 주님의 도우심을 믿음으로 안전하게…주님 도우시니까! 시편 34편 18절

### 167. 주님은 변함없이 사랑하십니다.

사랑이 변합니까? 상황, 조건에 따라 변합니까? 변하면 그게 사랑입니까? 주님 묻네요. "내 사랑이 변하니? 내 목숨과 바꾼 너인데, 네가 절망의 띠를 두르고, 입술에 원망을 담아도 변함없이 사랑한다!" 시편 55편 19절

### 168. 지친 숨 속에 주님께서 생기를 불어 넣어주십니다.

호흡을 가다듬어도 채워지는 않는 횅한 폐부잡고 하늘 봤더니, '생기를 그 코에 불어 넣으셨다' 주님 가르쳐 주시네요. 날숨에 위로, 들숨에 희망으로 가득한 하루되길 소망하며… 창세기 2장 7절

## 169. 신실하신 하나님을 믿으세요.

저는 선한 의지와 참으로 사랑하는 마음은 주님께서 반드시 지켜주신다고 믿어요. 의의 최후 승리를 믿는 사람들, 그들이 곧 신앙인이잖아요. 신실하신 주님께서 평안을, 그리고 자비를 베푸시길… 기도하며 예레미야31장17절

## 170. 아픔은 곧 사라집니다.

긴 겨울을 이겨낼 수 있는 건, 때가 차면 봄이 온다는 확신 때문이죠. 주님은 하늘을 버리고 사람이 되셨고, 사람과 뒹구셨습니다. 그로써 사람을 얻으시고, 풍성한 열매를 맛보게 하셨습니다. 우리 아픔은 곧 사라집니다. 요한복음 12장24절

ㄲ ㄲ △▷
| | | | ◁▽
ㅇ≡▽ ≡ㅇ/ㅡ ~오늘도!내일도!^ ㅡ^ *)/★

### 171. 잘 이겨내고 있습니다.

지독히도 쓴 약을 먹으면서도, 병에서 낫기 위해 꾹 참아내는 우리입니다. 걱정과 염려 속에서도 꿋꿋하게 오늘을 살아가는 우리입니다. 생각보다 훨씬, 더 많이 잘 살아내고 있습니다. 주님께서 주시는 평안한 밤 되소서 ~ 이사야 38장 21절

### 172. 희망의 꽃은 반드시 피게 되어 있습니다.

믿음은 절망 중에 필요하고, 소망은 폭풍 중에 필요하고, 감사는 원망 중에 필요한 거예요. 기운 내세요, 그럼에도 감사하고 그럼에도 꿈을 꿉시다. 희망의 꽃은 반드시 피게 되어 있습니다.

잠언 10장 28절

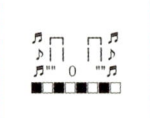

**173. 참새 한 마리도 주님의 허락 없인 떨어지지 않습니다.**

참새 한 마리도 주님의 허락 없인 떨어지지 않습니다! 하찮게 보이는 것이라 할지라도, 주님께는 귀한 창조물인 것. 우리를 만드시고 심히 기뻐하셨던 하나님의 손길을 의지합니다. 샬롬~ 주님의 평강이 함께하시길 ⋯ 누가복음 12장 7절

**174. 십자가 그늘 아래, 그림자는 감추어집니다.**

우리는 우리 그림자를 보고 절망하지만, 더 큰 십자가의 그늘 아래서 그림자는 감추어지는 법입니다. 주의 날개 아래, 모든 절망은 감추어집니다. 모든 것을 감싸고도 남음이 있는 주님의 사랑 방식입니다. 마태복음 16장 24절

## 175. Nobody but You!.

하나님께서는 전지전능하시지만, 전지적 작가 시점으로 우리를 보시지는 않습니다. 오늘 당신과 나의 눈 앞에 있는 분으로 찾아오십니다. 해답을 제시하기 이전에, 우리 속내를 들어주시는 하나님이십니다. 그분이 바로 우리 앞에 있습니다.

디모데전서 6장 11절

## 176. 주님은 지금 이 자리에 우리와 함께 하십니다.

사람들의 손가락질은, '왜 예수님께서 죄인들과 함께 어울려 먹고, 마시고, 즐기는가?' 였습니다. 하지만 손가락질 받던 주님의 그 일이, 우리에겐 기쁜 소식이 되네요. 주님, 지금 이 자리에서 우리와 함께 하십니다. 마태복음 11장 19절

향긋한 커피한잔

### 177. Designed by God.

좋은 것, 귀한 작품일수록 작가의 혼이 담겨있습니다. 지금, 하나님의 손질을 체험하고 있습니까? 우리, 가장 놀라운 작품이 되고 있는 중입니다. 우리는 하나님께서 디자인하셨습니다. 로마서 9장 21절

### 178. 천하보다 귀하다는 말은 허언이 아닙니다.

황소의 작가 이중섭이 담배 안쪽 은박종이에 그린 그림조차도 '이중섭'이 그렸기에 값이 대단합니다. 우리는 하나님의 작품 아니겠습니까? 천하보다 귀하다는 말은 허언이 아닙니다. 당신, 이 세상에서 가장 귀한 존재입니다. 창세기 2장 7절

### 179. 하나님은 거져 주십니다.

주웠다는 것은 내 노력이 깃들지 않은 상태에서 얻은 것을 말하죠. 이스라엘 백성은 광야 40년 동안 먹을 것을 주웠습니다. 사실 우리 삶이 이렇죠. 자, 오늘의 만나를 주우러 힘차게 나섭시다.

출애굽기 16장 35절

**180.** **우리의 하루는 누군가에게 감사의 내용이 됩니다.**

누구는 케익을 만들고, 누구는 케익을 먹지요. 억울하다 생각하지 마세요. 만드는 자는 만들 수 있음에 기쁜 것이고, 먹는 자는 먹을 수 있음에 감사한 것이니까요. 오늘 우리의 하루는 누군가에겐 감사의 내용이 됩니다. 로마서 10장 15절

「♡」「♡」「♡」「♡」「♡」
오   늘   하   루   도
「♡」「♡」「♡」「♡」「♡」

「♡」「♡」「♡」「♡」「♡」
해   피   하   기   를
「♡」「♡」「♡」「♡」「♡」

# 하나님의 사랑을
# 전하고 싶을 때
### - 하나님의 도움이 필요한 이들에게

**에피소드 10**
목사님, 무슨 일 있으신 거 아니죠?

휴대폰에 문제가 있어서 문자 연락도,
전화도 잘 안되던 2주간이 있었습니다.
그냥 저냥 보내다가 결심하고 휴대폰을
교체한 그날, 띠링, 띠링, 여러 통의 문
자가 옵니다. '목사님~ 무슨 일 있으신
거 아니죠? 목사님 문자가 안와서요.'
나를 기다리는 누군가 있다는 것. 참 행
복한 일입니다.

### 181. 푸른 하늘을 기억하기에 사랑합니다.

바람을 따라가다가 푸른 하늘에 시선이 머뭅니다. 가만 보면 하늘은 우리를 닮았습니다. 아니, 우리가 하늘을 닮았네요. 어느 때는 붉으락, 어느 때는 눈물 마르지 않지만, 마침내 아름다운 색을 만들어 내기 때문입니다. 당신을 닮아서, 그래서 사랑합니다. 이사야 65장 17절

### 182. 화나는 일들은 바람처럼 지나갈 겁니다.

우리가 불평하는 일들은 그저 우리 눈앞에 벌어지는 일들에 대한 인식의 단편에 불과합니다. 투영하던 감정을 잠시 접고, 숨 고르며 생각해 보세요. 이유 모르게 화나고 눈물 나던 일들은 바람처럼 지나가고 맙니다. 샬롬 욥기 37장 21절

**183.** **주님은 격려하시고, 나는 응원합니다.**

내가 실수하고 잘못된 길을 걷고 있을 때에 격려하고 위로의 박수 쳐주는 이가 필요합니다. 오늘 당신이 잡고 있는 밧줄 끝에서 주님께서 격려하고 계시고, 나는 이곳에서 박수치며 응원합니다. 힘을 내소서. 마가복음 6장 51절

**184.** **눈물을 감출만큼 주님의 은혜가 내립니다.**

내리는 빗방울의 개수를 셀 수 있는 사람은 없습니다. 살면서 뺨을 적신 눈물의 양도 가늠하지 못합니다. 흘린 눈물을 감추고도 남음이 있는 주의 은혜가 내리고 있습니다. 은혜에 촉촉한 하루되길 두 손 모아 간절히 기도합니다. 미가서 5장 7절

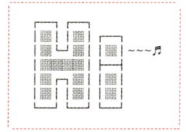

## 185. 삶의 적정선을 찾으세요.

오늘 하루 중에서 가장 많이 듣고 쓴 말이 '너무' 라
는 말 아닐까요? 사실 우리 삶에 적정선을 찾는다
는 게 녹록하지만은 않죠. 당신 삶이 조화와 균형
을 이루길 기도합니다. 혹 그분과 너무 떨어져 있
다면, 이쯤에서 발걸음을 옮기시길… 여호수아 1장 7절

## 186. 진솔한 사랑은 가까이 있습니다.

사랑은 늘 '사이'에 있죠. 내 소유로 만들려 애쓸
수록 그 빛을 잃어가는~ 하지만 진솔한 마음과 사
랑은 가까이 있죠~ 당신에게 위로와 힘, 평안이 있
기를… 사무엘상 20장 42절

## 187. 해석하는 대로 삶은 이루어집니다.

우리 삶은 해석하는 대로 이루어집니다. 내 이름,
내 삶을 어떤 방식으로 해석하겠습니까? 주님 이
렇게 말씀하십니다. '네가 앉아있는 것조차 하나
님의 영광을 위해서이다.' 라고. 당신이 하는 일 모
두는 주님의 기쁨이 됩니다. 골로새서 3장 23절

**188.** 어떤 존재로 태어나느냐보다 그 존재 되도록 하는 것이 중요합니다.

어떤 꿈을 꾸며 살아가느냐도 중요하지만, 그 꿈을 현실로 만들어가는 것이 중요한 법이죠. 어떤 존재로 태어나는가도 중요하지만, 존재가 존재 되도록 하는 것이 더 중요합니다. 당신은 하나님의 자녀입니다. 이를 잊지 마소서. 창세기 21장 22절

**189.** 아침에 맨 먼저 무엇을 떠올립니까?

아침에 일어나 맨 먼저 들은 노래는 나도 모르게, 하루 종일 내 입에서 흥얼거리는 법입니다. 맨 먼저 무엇을 떠올립니까? 하나님의 은혜를 떠올리면, 하루 종일 은혜 가운데 살아갈 수 있습니다.

시편 71편 8절

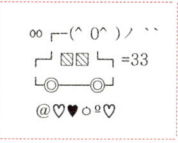

### 190. 주님께서 해답을 가르쳐 주실 거예요.

문제가 엉터리 같더라도, 해답은 반드시 있습니다.
내가 엉터리로 질문을 한다고 해도, 하나님께서는
친절히 해답을 가르쳐 주십니다. 그러니 염려가 없
는 거겠죠. 오늘 삶의 난제에 대한 해답을 주님께
듣는 하루가 되길 소망합니다. 벌써 들었죠?
빌립보서 4장 12절

### 191. 오늘, 당신은 사랑을 받았습니다.

사람들은 나를 이해할 때, 형용사가 아니라 동사로
이해합니다. 오늘 무엇을 하였습니까? 어떻게 보
냈습니까? 당신을 표현하는 동사는 무엇이었습니
까? 하나님 말씀하시네요. '오늘 넌, 내 사랑을 받
았다.' 잠언 8장 17절

**192.** 하나님은 당신과 함께 하고 싶어하십니다.

누군가와 가고 싶은 곳이 있는 건, 그 사람과 함께
보고 싶기 때문입니다. 우리 인생의 행복이 '함께,
어디에 서 있고, 어디로 가는지.'에 있듯, 하나님께
서 당신과 함께 하고 싶어하십니다. 그 자리에 저
도 끼워 주실거죠? 베드로후서 1장 7절

**193.** 보고 싶은 사람이 있는 사람은 행복합니다.

보고 싶은 사람이 있는 사람은 행복합니다. 우리가
하나님을 보고 싶어 하는 것만으로도 이미 행복을
손에 쥐고 있습니다. 우리의 간절함과 하나님의 원
하심이 딱 맞아 떨어졌네요. 지금 내 눈엔, 동행하
시는 하나님이 보입니다. 요한일서 4장 16절

**194. 하나님께서 원하시는 자리에 행복이 있습니다.**

내가 원하는 곳에 있으면 '만족' 하게 되지만, 나를 필요로 하는 곳에 있으면 '행복' 하게 됩니다. 하나님께서 우리를 필요로 하십니다. 그 자리에 서서 행복을 누리는 삶이길 기도합니다. 그러면, 우리가 원하는 자리에 서게 될 것입니다. 잠언 30장 8절

**195. 희망의 방법을 당신은 알고 있습니다.**

다른 이에게 조언하는 것의 대부분은 내게 필요한 것들입니다. 다른 이에게 희망을 주는 조언을 했다면, 이미 당신은 희망의 방법을 알고 있는 것입니다. 내가 희망을 주면, 다른 이도 희망을 얻을 수 있습니다. 데살로니가전서 5장 11절

**196. 당신은 이미 날고 있습니다.**

독수리가 날아오르기에 가장 힘겨운 장애물은 바람입니다. 높이 날수록, 빨리 날수록 풍압으로 더 큰 충격을 받는 것이지요. 당신, 압력을 느끼고 있다면, 이미 날고 있다는 증거입니다. 이사야 40장 31절

**197. 하나님을 바라보면 반드시 주십니다.**

새는 날아야 정상이고, 백합화는 향기를 발해야 정상이듯, 믿음의 사람들은 하나님을 바라봐야 정상입니다. 주님은 우리에게 어떤 것이 필요한지를 이미 알고 계시기 때문입니다. 구하면, 반드시 주십니다. 시편 123편 1절

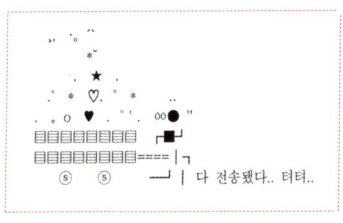

**198. 마음을 지켜야 소망을 지킵니다.**

소망과 꿈을 잃은 것이 아니라, 마음이 변한 것입
니다. 마음은 무엇을 보느냐에 따라 또한 달라집니
다. 오늘, 소망과 꿈을 보는 당신이길 원합니다. 당
신 눈이 하늘을 향하면, 원하는 바는 흔들리지 않
습니다. 요한복음 11장 41절

**199. 당신은 가장 중요한 일을 하고 있습니다.**

'누가 대신해주었으면~' 하고 바라는 때가 있지
요. 내 삶의 중요한 문제일수록 대신해줄 수 있는
이는 없습니다. 당신밖에 할 수 없다면, 그 일이 중
요한 일이라는 증거입니다. 뿌듯하지 않습니까?
가장 중요한 일을 하고 있습니다. 전도서 5장 7절

**200.** **주님이 우리의 잘못을 대신 지셨습니다.**

일은 내가 망쳐놓았는데, 해결은 주님이 해주시곤
합니다. 분명 잘못은 내가 했는데, 주님이 그 대가
를 십자가를 지심으로 치르셨습니다. 우리, 만만한
존재가 아닙니다. 주님이 대신 하실 만큼 소중한
존재입니다. 마태복음 20장 28절

```
.*"""*..*"""*.
 * + s ▶◀ s + *
*♡S(^ ㅡ^ )S♡*
 *┌○━━━○┐*
  ㄴ행복배달ㄴ
```

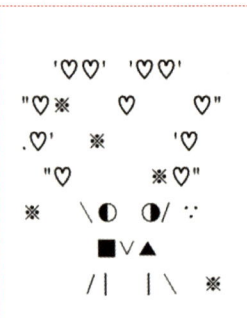

# 축하하고 싶을 때
- 기쁨을 함께 나누고 싶은 이에게

### 에피소드 11
그래, 우리 사귀어보자!

문자를 받고, 이내 교회 형제에게 문자를 전달했던 자매. 형제에게 문자가 왔답니다. '네 문자 받고 고민했어. 그래, 우리 사귀어보자!' 이게 웬일? 주의하세요. 이 문자를 보내면, 사랑고백으로 받아들일 수도 있습니다.
오회 사랑하는 사람에게 문자를 전달해보면, 바로 효과가 나겠는데요?

### 201. 생일을 축하합니다.

이 땅의 삶을 맛본다는 것만으로도 축하받고 행복할 충분한 조건이 됩니다. 가슴으로 낳아 사랑으로 키우시는 그분의 손길로 한없이 사랑하고, 축복합니다. 우리의 모든 선택을 주님께서 아름답게 만들어주실 거예요. 누가복음 1장 76절

### 202. 결혼을 축하합니다.

손가락 고리 걸어 꼭 꼭 약속하는 내용은, 늘 곁에서 힘을 주자는 언약이지요. 사랑하기에 당연한 듯 보이지만, 지켜내기엔 노력이 필요한 법이죠. 힘들 때면, 오늘 손잡은 옆을 바라보세요. 늘 언제나, 한결같이 신뢰하며 지켜주는 이가 있으니까요. 축하해요! 창세기 2장 24절

## 203. 출산을 축하합니다.

생명은 아픔을 뚫고 나오지만, 생명을 본 순간 모든 아픔이 사라집니다. 우리도 부모님께는 그런 존재였어요. 세상 그 무엇보다 귀하다는 뜻, 이제 실감하며 살아가게 될 거예요. 축하합니다. 자녀는 하나님께서 책임져 주십니다. 요한계시록 12장 5절

## 204. 합격을 축하합니다.

누구는 경쟁을 뚫었다 말하지만, 아니요. 경쟁을 뚫은 것이 아니라, 우리의 날개를 편 것입니다. 날개를 폈기에 자랑하는 삶이 아니라, 그 날개를 사용하여 덕을 끼치는 당신이길 소망합니다. 수고 많았어요. 시편 66편 6절

```
    .**.  .**.
   :생:   :일:
  **.**.**.**.**.
  :축:  :하:  :해:
   *..*  *..*  *..*
```

### 205. 이사를 축하합니다.

집은, 몸을 피하는 것 이상의 의미가 담겨 있습니다. 몸을 눕히는 곳이 아니라, 꿈을 키우는 곳이기 때문입니다. 넓이와 가격은 중요하지 않습니다. 그곳이 꿈을 꾸고, 환상을 보는 터전이 되길 소망합니다. 주인은 주님이신 것, 아시죠? 고린도후서 5장 1절

### 206. 취업을 축하합니다.

내 가치를, 가능성을 믿음으로 화답해준 곳. 그곳은 우리의 비전이 펼쳐질 곳입니다. 어디든 사람 살아가는 모양새 비슷하지만, 비슷하다 넘기는 것이 아니라, 가장 좋은 공동체로 만드는 발걸음이 되길 소망합니다. 사도행전 20장 24절

### 207. 수상을 축하합니다.

어릴 적 받은 표창장 하나에도 기뻐했던 우리잖아요. 모든 상장은 크기와 관계없이 보람을 느끼게 하죠. 대단한 일을 해낸 거예요. 함박웃음 짓는 당신의 얼굴에 온 세상이 환해집니다. 축하해요. 잠언 31장 31절

**208. 개업을 축하합니다.**

새 일, 새 신, 새 집, 새로움이 들어간 모든 것은 기분이 좋습니다. 새 일을 시작하게 된 당신, 기대와 염려가 교차하겠지요. 그러나 하나님께서 함께 하시면, 기대는 현실이 됩니다. 잘 될 거예요. 믿고 기도합니다. 신명기 3장 24절

**209. 입학을 축하합니다.**

이스라엘 백성도 광야학교에 입학하고 나서야 하나님의 백성으로서의 길을 배우게 되었지요. 학교생활이 쉽지만은 않을 거예요. 통과하고 났을 때면 부쩍 자라있는 자신을 보게 됩니다. 두려움이 변하여 보람이 되길 기도합니다. 히브리서 3장 14절

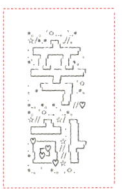

## 210. 차량구입을 축하합니다.

보다 빨리 가기 위해서가 아니라, 보다 멀리, 안전
하게 가기 위해 차량이 필요한 법입니다. 움직이는
곳곳마다 주의 은혜가 깃들길 소망합니다. 보다 많
이 사랑 나누세요. 당신이 안전운전 할 수 있도록
주님께서 불꽃같은 눈으로 지켜주실 거예요.

신명기 32장 13절

## 211. 도전을 축하합니다.

같은 자리를 맴돌다 뛰쳐나오기란 참으로 어려운
법인데, 용기에 박수를 보냅니다. 도전할 수 있는
기회와 용기를 주신 주님께서 당신 발걸음마다 빛
을 비춰주실 거예요. 지나고 나면, 잘했다 생각하
게 되리라 확신하며⋯ 마태복음 14장 22절

**212.** **승진을 축하합니다.**

보다 높은 자리에 오른다는 건, 보다 많은 짐을 지고 있다는 것을 뜻하지요. 감당할 만하니까 주님께서 주신 것입니다. 낮은 자리의 삶을 더욱 잘 헤아리는 상사가 되길 기도합니다. 은퇴하는 그 순간, 뒷모습이 아름다운 당신을 기대합니다.

사무엘하 7장 8절

**213.** **퇴원을 축하합니다.**

병상에서의 하루는 일상에서의 열흘 이상이라던데, 그만큼 많은 묵상과 만남이 있었겠지요. 간절히 기도했던 소망이 이루어진 오늘, 한없이 기뻐하며 감사합니다. 병상은 떨쳐내되, 간절한 기도는 계속 손에 쥐시길 소망합니다. 마가복음 5장 34절

```
    .´`,„.^`)
  (,„.´`  (,„.^`°³0♥ Have a Good Time....♥ ˮ ^`)
                              .´`,„.^`)
                            (,„.´`  (,„.^`°
```

## 214. 자격증 취득을 축하합니다.

일일이 설명하지 않아도 누구나 알아준다는 건 기
쁜 일입니다. 당신의 능력이 증명서로 눈에 보여지
네요. 다섯 달란트와 두 달란트 가진 이가 충성함
으로 두 배를 남겼던 것처럼, 당신의 열매는 지금
부터 시작입니다. 축하해요. 마태복음 25장 23절

## 215. 좋은 성적을 축하합니다.

노력한 만큼의 결과를 얻었을 뿐인데, 그 노력이
배신하지 않았군요. 애쓰고 수고한 그동안의 모든
노력에 박수를 보냅니다. 세밀한 부분까지 챙겨주
시는 하나님께 감사하며, 한턱~! 쏠거죠? ^^

데살로니가전서 2장 9절

## 216. 승리를 축하합니다.

흘렸던 땀방울의 개수를 셀 수 없듯, 당신 노력을 감히 잴 수가 없네요. 다만, 오늘의 승리가 당신 노력에 대한 응답입니다. 자랑스럽습니다. 당신의 승리도, 승리를 가져온 그동안의 땀 내음까지도. 한껏 기뻐하는 오늘이 되시길… 시편20편5절

## 217. 당신의 오늘을 축하합니다.

당신의 오늘을 축하합니다. 당신의 어제 노력에 박수를 보냅니다. 또한 당신의 내일을 기대합니다. 최선을 다해 살아온 만큼, 걸음을 멈추지 않았던 당신 발자국마다 그리스도의 영광이 묻어나네요. 감사해요. 참된 것을 보여주었어요. 시편98편8절

### 218. 고난을 딛고선 당신, 격려하고 축하합니다.

조그마한 아픔도 피하려 엄살 부리는 우리들인데, 그 힘겨운 과정을 이겨내셨네요. 나도 역경이 있을 때마다 당신을 떠올리며 이겨내겠습니다. 감사하고, 또 축하해요. 고린도후서 1장 6절

### 219. 유혹을 이겨낸 당신, 축하합니다.

잘 참으셨어요. 잘 이겨내셨어요. 당신이 자랑스럽습니다. 어여 만나 부둥켜 안고 싶네요. 떼어내려 몸부림을 칠 때마다 더 휘감아 오는 것이 유혹의 손길인데, 정말 최고입니다. 나중에 이겨낸 비결도 알려주실 거죠? 에베소서 4장 22절

### 220. 독립을 축하합니다.

오늘을 특별히 기념해야겠어요. 부모에게서 독립한 날, 내 삶을 스스로 책임질 수 있게 된 날이잖아요. 용기가 필요했겠지만, 그만큼 기쁨도 더할 거예요. 이제, 독립에 부끄럽지 않은 삶이 되어야겠지요? 축하합니다. 시편 5편 7절

# 꿈과 비전을 주고 싶을 때
- 흔들리는 삶을 살아가는 이에게

## 에피소드 12

문자요금, 내려줬으면 좋겠어요.

청소년 사이에 인기 있던 '문자 무제한' 요금제가 있었습니다. 문자 서비스 부가 상품을 가입하고 해도, 요금 많이 나가네요. 인터넷도 일정금액이면 무제한인 시대, 통신사에서 문자 요금 좀 내려줬으면 좋겠어요.^^

### 221. 삶의 이유를 높입시다.

먹고사는 것만이라도 다행이라는 말엔, 절망이 깃들어 있습니다. 살 수 있음에 감사하며, 선을 꿈꿉시다. 삶의 이유를 높입시다! 미가서 7장 7절

### 222. 여유를 가지면 됩니다.

목표한 바가 멀다고 좌절하거나 안달할 이유가 없습니다. 오늘 내딛은 한발이 한걸음이 되고, 한 걸음이 열 걸음이 되니까요. 사실 시간은 우리 편입니다. 하루를 만드신 주님이 우리 편이니까요! 여유를 갖는 하루되시길. 다니엘서 7장 22절

### 223. 비전은 함께 하는 겁니다.

빨리 가야 한다면, 혼자 가야 하지만, 멀리 가려면 함께 가야한다죠. 우리 삶은 단거리 경주가 아니기에 주님과 믿음의 가족, 그리고 우리가 함께 가는 겁니다. 옷을 여민 우리 곁에 그분이 함께 하심을 느끼는 이 밤 되시길. 전도서 4장 12절

**224.** **소망은 배신하지 않습니다.**

가을을 꿈꾸고 기다렸더니, 이른 아침과 밤의 공기가 미소 짓네요. 그렇게 소망을 품은 기다림은 분명 배신하지 않습니다. 기다림이 깊으면, 희망과 사랑은 더욱 커집니다. 사랑과 주의 은혜 한 아름 품은 날에. 시편 39편 7절

**225.** **비전은 버려진 쓰레기 더미에서도 피어납니다.**

이런 곳에서, 이런 상황에서 뭐 대단한 게 날까 하고 체념하는 바로 그 자리에 보물이 있다는거~ 마구간에서 주님이 나신 것처럼, 우리가 꿈꾸는 고귀한 가치는 버려진 쓰레기 속에서, 탈피하고 싶은 일상에서 발견될 수 있습니다. 시편 30편 3절

### 226. 내 안의 보석을 보십니다.

내가 나를 어떻게 보느냐보다 그분께서 나를 어떻
게 보시는가가 더 중요합니다. 원석을 보는 세공사
의 눈엔 보석이 보일 뿐입니다. 우리 안의 아름다
운 것까지 보시는 그분께서 말씀하십니다. '내가
너를 도우리라! 굳세게 하리라!' 이사야41장13절

### 227. 소풍 나온 삶, 보물을 찾아보세요.

하늘로부터 잠시 이 땅에 소풍 나온 우리 삶, 숲과
바위 사이사이마다 감춰진 보물을 하나하나 찾는
즐거움으로 가득하길 기도합니다. 혹, 여러 개의
보물을 찾는다면, 나눔으로 더불어 행복한 삶을 누
리시길~ 이사야45장3절

**228. 좋은 일은 불쑥 찾아옵니다.**

피곤한 듯 보내는 한주의 한 가운데, 지친 우리를 위해 주님께서 하늘을 선물해 주셨어요. 바라보기만 해도 맑게 개입니다. 좋은 일은 불쑥 찾아옵니다. 오늘, 언제 그랬냐는 듯 삶에 펼쳐지는 좋은 일을 만끽하소서~ 에스겔 32장 14절

**229. 주님은 내일의 가능성을 보십니다.**

어제의 나를 떠올리며, 오늘 내 삶을 예단하지만, 주님은 내일의 가능성을 보며, 오늘 우리 삶을 기대하십니다. 누가복음 12장 28절

**230. 시선을 멀리 보세요.**

산을 옮기는 사람은 작은 돌멩이 하나부터 옮깁니다. 하지만 산에 걸려 넘어지는 사람은 없죠. 작은 돌멩이에 걸려 넘어지죠. 내 발 바로 앞에 있는 걸림돌에 주의를 기울이고, 시선은 멀리 산을 보는 지혜를 가지세요. 예레미야 50장 32절

## 231. 당신은 안전한 항해를 하고 있습니다.

만일 당신의 배가 물에 뜨지 않는다면, 아무도 당신과 함께 강을 건너려고 하지 않을 것입니다. 하나님께서 보시건대, 당신 삶은 안전한 항해가 되고 있습니다. 나 역시 그 배에 올랐으니까요. 기운내소서. 이사야42장10절

## 232. 우린, 선한 결과를 알고 있습니다.

차고, 덥고, 또다시 차고~ 날은 변덕이 심하지만 주님 사랑은 한결 같잖아요~ 아, 물론 우리가 무료하지 않도록 적당한 스릴도 주시긴 하죠. 그래도 우린 선한 결과를 아니까~ 힘냅시다.

고린도후서9장10절

여러가지 행동
·두 손 들기 : \ (^_^ ) /
·인사하기 : (^_^ )/ , >_<)/
·절하기 : m(_ _)m
·맞았을 때 : (#_(*_(-.#)_=)
·응원할 때 : ＼(^^ ＼))((/^^^)/＼(^^ )/✓✓(^^ )＼
·출동 : ~~m(^ 0^ )m~~
·취침 중 : (-.-)Zzz
·두리번 두리번 : .( _.-)(-.-)(-.- )
·위로해 줄 때 : ( i_i)\ (^_^ )

**233. 두려움과 정면으로 맞서세요.**

시간이 흐르면 자연스럽게 꿈을 포기한다고들 합
니다. 실패가 두렵기 때문이겠죠. 실패를 두려워하
지만, 정작 실패 앞에 서 본 사람은 드뭅니다. 당신,
두려움을 뚫고 정면으로 맞서보세요. 맞서보면, 분
명 달라집니다. 갈라디아서 5장 5절

**234. 예수님은 도망치라고 말씀하지 않으셨습니다.**

내가 읽은 예수님은, 한 번도 폭풍 앞에서 두려워
도망치라고 말씀하지 않으셨습니다. 제자들이 귀
신을 내쫓지 못하고 있을 때, '믿음이 적은 자들
아!' 하시며 포기하지 말라, 기도하라 하셨습니다.
그 말씀이 오늘 당신에게 힘이 되길 기도합니다.

마태복음 9장 23절

**235. 믿음은 보지 못하는 것들의 증거입니다.**

구약시대의 증거는 무지개였습니다. 그러나 무지개는 손에 쥘 수 있는 것이 아니라, 사라지는 것이죠. 눈에 보이는 증거를 찾기 위해 헤매는 삶이 아니라, 보지 못하는 것들의 증거인 믿음을 붙잡으십시오. 히브리서 11장 1절


**236. 미래를 알 순 없지만, 하나님의 뜻은 알 수 있습니다.**

인생의 결과를 미리 알고 시작하는 경우는 없잖아요. 그것이 사람들의 한계입니다. 미래를 알 순 없지만, 우리 삶을 통해 나타내기 원하시는 하나님의 뜻은 알 수 있습니다. 주님이 우리와 함께 하십니다. 마태복음 8장 26절

### 237. 우리의 힘의 근원은 하나님입니다.

다른 힘을 빌려서 힘을 내는 것이 차력입니다. 사람의 힘으로 할 수 없어 보이는 것을 해내곤 하지요. 이미 우리는 힘의 근원이 어디에서 오는지 알고 있잖아요. 하나님의 힘을 빌려, 오늘 내 삶에 기적을 만들어봅시다. 에스라 7장 28절

### 238. 주님이 당신의 뒤를 받쳐주고 계십니다.

그네를 타는 아이, 아무리 높이 올라도 뒤에서 부모가 밀어주고 있다면 안심합니다. 누가 밀어주고 있느냐에 따라 두려움은 사라지는 법입니다. 당신, 주님이 뒤를 받쳐주고 계십니다. 맘껏 꿈을 누려보세요. 이사야 58장 8절

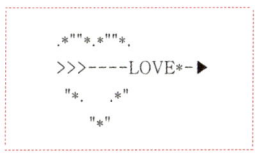

### 239. 폭풍은 피할 수 없지만, 주님을 만날 순 있습니다.

우리 삶에 폭풍은 피할 수 없는 것 같아요. 그러나 폭풍 같은 삶에서 하나님을 경험하는 사람이 있고, 그렇지 못하는 사람이 있곤 합니다. 거센 풍랑도 잠잠케 하시는 주님을 만나시길 소망합니다. 그때 비로소 거친 바다를 항해할 수 있습니다.

시편 89편 9절

### 240. 내일 일은 내일 염려합시다.

오늘 사랑을 다 쏟아 부어서 내일 사랑할 힘이 없는 게 아닙니다. 내일의 사랑, 내일의 기쁨은 내일 또다시 새롭게 부어주십니다. 내일 일은 내일 염려합시다. 사랑, 기쁨. 오늘 모두 쏟아 붓길 기도합니다. 마태복음 6장 34절

# 아픔을 지닌 이에게
# 힘을 주고 싶을 때
- 병상에서 아파하는 이에게

## 에피소드 13
문자 보는 법을 손주한테 배웠어요.

은퇴하신 권사님, 문자를 받으시고 그
다음 주일날, '목사님~ 제가 문자 보내
는 법을 몰라서 손주한테 배웠어요. 답
장은 어려워서 못했어요. 하지만, 문자
때문에 감사했습니다.'
문자, 젊은이들만의 소통 도구가 아니랍
니다. 나이 드신 분께도, 무뚝뚝한 분께
도 과감히 문자를 보냅시다.

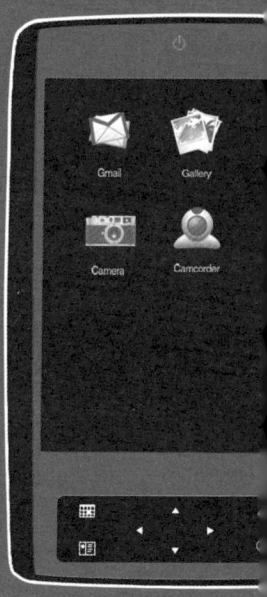

## 241. 희망이 필요할 때는, 절망 중에 있을 때입니다.

희망이 필요할 때는 절망 중에 있을 때입니다. 오늘 삶이 아프고 힘겹습니까? 가족들 걱정으로 밤잠을 못 이루었습니까? 마음 속 먼지 쌓인 창고에서 주님께서 심어두신 희망이 기지개를 펴네요. 잘 될 거예요. 사도행전 2장 28절

## 242. 폭풍은 지나갑니다.

거대한 폭풍과 짙은 황사라 할지라도 지나가고 맙니다. 창조세계가 그러하듯, 이 땅을 딛고 선 우리 삶도 그러합니다. 폭풍도 잠잠케 하시는 주의 은혜로 평안이 있기를~ 하박국 3장 19절

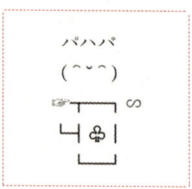

**243.** **결핍은 희망과 기대가 있다는 증거입니다.**

생에 결핍을 느끼고 있다고 속 끓이지 마세요. 채
워야할 것이 있다는 건 삶과 행복에 대한 기대가
있다는 거니까요. 기대는 좋은 것을 선물로 받을
충분한 조건입니다. 오늘 잠깐의 기도가 삶을 한층
더 행복하게 합니다. 샬롬~ 시편 107편 13~14절

**244.** **희망은 품는 자들이 성취합니다.**

우리 삶에 좋은 일만 생길 순 없지만, 매번 희망을
품을 순 있어요. 희망은 품는 자들이 성취합니다.
병상에서도 희망은 사라지지 않습니다.

출애굽기 15장 26절

**245.** **나 자신에 대한 믿음이 눈앞에 기다리고 있습니다.**

집나간 자신에 대한 믿음이 사랑의 손 붙잡고 우리
앞에 서 있네요. 가서 안아요. 사랑으로 날아오르
게~ 말라기 4장 2절

## 246. 하늘을 보면, 내 빛이 보입니다.

하늘에 '너, 참 예쁘다' 했더니, 우리에게 전해주라네요. "난 너의 빛을 보여준 것 뿐이야~" 오늘 우리는 아름답습니다. 희망을 간직하고 있기 때문입니다. 이사야61장1절

## 247. 소망이 바람을 타고 입니다.

바람에 맞서 희망을 외치니, 소망이 바람을 타고 고개를 넘는다. 그래, 그렇게 희망은 바람을 타고 이는 거야~ 주님의 배려가 느껴지는 날에…

누가복음6장19절

## 248. 우리를 감찰하시는 이유는 돕기 위해서입니다.

하나님께서 우리를 감찰하시는 이유는, 우리의 불평, 불만을 잡아내기 위하심이 아니라, 우리를 돕기 위하심입니다. 우리가 내뱉은 절망의 소리에도 하나님은 희망으로 응답하십니다. 기운내소서. 곧 나아집니다. 호세아6장1절

**249.** **바로 지금, 좋은 일이 생깁니다.**

아름다운 내일을 꿈꾸는 당신에게 가장 좋은 일이 오늘 생길 겁니다. 귀신도 내쫓으시는 주님의 음성이 들리시나요? '그에게서 떠나가라!' 주님의 은혜는 지금 시작됩니다. 바로 지금요~

마가복음 9장 25절

**250.** **오늘이 있어 내일을 기대합니다.**

어제의 나를 넘어서는 오늘, 내가 세운 기준을 넘어서는 기쁨은 나만이 아니라 주위를 행복하게 합니다. 그 걸음엔 언제나 주님이 함께 하십니다.

시편 18편 29절

**251.** **피운 희망은 환경에 굴하지 않습니다.**

한번 피기 시작한 꽃은, 날씨에 연연하지 않으며 자기 시간에 맞추어 피우지요. 날은 추운데, 벚꽃은 활짝 피었습니다. 우리 희망도 한번 피우기 시작하면, 환경에 굴하지 않으며, 그렇게 틔웁니다. 벌써 희망의 꽃망울이 벌어졌어요. 누가복음 22장 51절

## 252. 희망과 포옹해보세요.

좋으신 하나님과 상하고 찢겨진 삶이 교차하나요? 이런 날에 바닥을 치는 믿음 한 조각이라도 끌어 모아 희망과 포옹해요~ 소망의 두근거림을 내 심 장이 느끼도록 ~ 이사야 57장 19절

## 253. 주님께서 가장 좋은 것을 주십니다.

햇살 피해 조그만 그늘 찾긴 하지만 태양의 이로움 을 부인할 순 없잖아요~ 이처럼 주님께선 우리 삶 의 모든 것을 알맞게 혼합해서 가장 좋은 것으로 주십니다. 당신을 위해 또 기도합니다.

시편 107편 6~7절

## 254. 내 절망의 뒷면에 희망이 있습니다.

때로 좋은 일이 생기길 꿈꾸는 우리, 주님께선 날 마다 좋은 일을 계획하시네요. 모든 일엔 양면이 있듯, 오늘 내 삶의 앞뒷면을 꼼꼼히 살펴봐요~ 거 기 보물이 있어요. 기운내길 ~

이사야 55장 2절

**255. 생명의 능력은 하나님께 있잖아요.**

작은 씨앗이 바위틈을 깨고 싹을 틔우듯, 생명의 힘은 신비롭습니다. 내 오늘 병상에 있지만, 생명을 주신 하나님의 능력이 '병'이라는 바위를 뚫고 건강을 회복시킬 거예요. 믿으며~ 열왕기하 20장 5절

**256. 본성은 번성입니다.**

자연의 본성은 생육하고 번성하라신 하나님의 말씀대로 살아갑니다. 우리 아픔도 하나님의 말씀, '번성하라' 앞에서 사라지게 될 거예요.

예레미야 30장 17절

**257. 참된 것이 오면, 거짓된 것은 사라집니다.**

좋은 것을 경험하면, 이전 것은 버리게 되죠. 참된 것이 오면, 거짓된 것은 사라지게 됩니다. 우리 희망은 참되고, 낙심은 거짓된 거죠. 희망이 왔으니, 이제 절망은 사라질 거예요. 이사야 38장 16절

### 258. 십자가와 무덤이 있었기에 부활이 기쁜 것입니다.

부활의 기쁨은 십자가의 죽음과 무덤이 있었기에 더욱 분명히 드러나는 거죠. 우리 삶의 기쁨은 이미 지나간 역경이 있었기 때문입니다. 오늘의 아픔이 내일의 기쁨이 됩니다. 기대하소서. 시편 66편 9절

### 259. 조금만 참으면 하나님의 음성이 들립니다.

하나님의 응답은 때때로 우리 삶의 속도보다 늦기도 합니다. 우리가 조금만 참으면, 조금만 여유를 가지면, 조금만 인내하면 바로 그 음성 들을 수 있습니다. 고난 속에도 인내하는 오늘이 되길 기도합니다. 예레미야 33장 6절

### 260. 축복하는 동안 하나님의 손길이 찾아옵니다.

병상에서의 나는 한없이 작아진 듯하죠. 아픔이 잠시 가실 무렵, 주위를 축복해보세요. 병상의 축복은 더 큰 은혜를 낳습니다. 축복하는 동안, 어느새 하나님의 손길이 내게 닿아 있을 거예요.

이사야 58장 8절

# 믿음의 성장

4

에피소드.14

우리 신랑한테도 보내주라.

가족들에게 일상에 대한 내용 외에, 기도 문자를 보내는 것이 쉽지 않지요. 용기를 내서 보내보았습니다. 바로 답 문자가 오네요. '참 좋다. 이런 문자 받으니 목사님 동생 둔 기쁨이 있네. 부탁이 있는데, 우리 신랑한테도 보내주라. 신앙생활좀 잘 하게~'
가족에게 보내는 문자는 더 큰 힘이 있네요

### 261. 믿기 위해 필요한 증거는 없습니다.

믿기 위해 필요한 증거란 없습니다. 내 삶의 흔적이 내 믿음의 증거가 될 뿐, 그래서 믿음입니다. 보지 못하는 것들을 보는 증거! 오늘 믿음의 흔적 남기길 기도합니다. 갈라디아서 6장 17절

### 262. 삶은 바른 해석이 필요합니다.

사람은 누구나 보고 싶은 것만 보려합니다. 그래요, 그렇다면 오늘 하루 희망만 봐요. 겪는 모든 일에 좋은 결과가 있으리라 생각해요. 오늘 우리의 밝은 해석에 내일은 주님께서 웃음으로 화답하십니다. 시편 5편 11절

### 263. 기다릴 수 없는 것이 절망입니다.

기다림은 때로 힘겹지만, 기다릴 수 없다는 건 절망이죠. 주님께서 우리 기다림을 소망으로 바꿔 주십니다. 좋은 일이 생길거예요. 시편 107편 9절

**264.** 희망에 방점을 찍고, 주님께 내려놓읍시다.

죽음과 새 생명의 탄생을 하루에도 번갈아가며 살
아가는 우리, 인생무상과 희망이 교차하며 지나가
지만, 지금 이 순간 생은 내게 있기에 희망에 방점
을 찍어봅니다. 학개 2장 23절

**265.** 바람이 불어야 바람개비가 돕니다.

바람이 불면 바람개비는 돌게 됩니다. 바람이 없을
때는 바람개비를 들고 뛰면 됩니다. 우리, 바람을
확인할 '믿음'을 들고 달려봅시다. 이마와 등줄기
에 맺히는 땀의 양만큼 행복이 성큼 다가올 겁니
다. 민수기 11장 31절

```
^ o^ ~~♬신바람 났을 때

?o? 귀가 솔깃

^ L^ 웃는 얼굴

ヽ(^ ^ ヽ)((♪^ ^ ^)♪ヽ(^ ^ )♪♪(^ ^ )ヽ
응원 하기
```

### 266. 신앙에 고집을 피웁시다.

괜한 고집으로 밥을 굶기도, 단식하기도 하지만, 고집은 피워야 할 때가 있는 법이죠. 여호수아가 '나와 내 집은 오직 여호와를 섬기겠다'고 고집 피웠던 것처럼, 신앙에 고집을 피우는 우리가 됩시다. 하나님의 역사하심이 함께 할 것입니다.

여호수아 24장 15절

### 267. 용기있게 주님을 찾으세요.

베드로와 가룟유다는 모두 주님을 배신했었습니다. 하지만 실수가 부끄러운 것이 아니라, 실수를 되돌리려는 용기가 없는 것이 부끄러운 법. 가룟유다의 자살과 베드로의 회개를 떠올려보세요. 오늘은 용기 있게 주님을 찾는 믿음으로 살아가시길~

마가복음 14장 72절

## 268. 내가 죽어야 삽니다.

수영장 바닥에 앉기 위해서는, 폐의 공기를 내뱉어 야 합니다. 오래 참기 위해 숨을 들이마시면, 내가 마신 숨 때문에 바닥까지 내려갈 수 없게 되지요. 우리가 원하는 곳에 이르려면, 버려야만 합니다. 내가 죽고, 예수가 살아야만 가능한 거죠.
고린도전서 15장 31절

## 269. 환경 너머의 오늘을 기대합시다.

스산한 날씨, 몸을 잔뜩 움츠린 어른들과 재잘거리 며 뛰어다니는 아이들의 모습이 대조적입니다. 환경 너머에 오늘을 기대하는 아이들의 모습에 어깨 를 다시 펴보는 오늘입니다. 우리 뒤의 든든한 후 원자, 주님이 계십니다. 시편 81편 6절

> △▷　／　△▷
> ◁▽　／◁▽／
> 시원한 바람을 가득 담아 보냅니다~~

**270. 우리는 믿음의 가족입니다.**

가족, 이 말의 본래 의미는 참 좋습니다. 주님의 뜻을 따르고자 애쓰는 우리 모두는 가족입니다. 사랑과 관심, 돌봄이 가득한 믿음의 가족. 순간을 보내는 아쉬움을 뛰어넘는 한결같은 사랑으로 축복합니다. 신명기 15장 20절

**271. 맡기면, 내가 하는 것보다 훨씬 좋은 결과를 낳습니다.**

자동차 선팅을 직접 했다가 망쳤습니다. 전문가에게 맡기면 고생 덜고, 훨씬 좋은 결과가 있는 것을. 생의 전문가 주님께 맡기면, 내가 애쓸 때보다 훨씬 좋은 결과를 낳습니다. '원수 갚는 일도 내게 있다'고 말씀하셨잖아요. 맡기세요.

로마서 12장 19절

### 272. 우리는 하나님을 알고 있습니다.

우리는 예전의 우리가 아닙니다. 하나님이 우리를 아시니 예전으로 돌아가지 말라고 하십니다. 늘 새로운 하나님의 은혜를 고대하며, 오늘 굳게 섭시다. 갈라디아서 4장 9절

### 273. 죽어있어도 눈치 채기 힘들 때도 있습니다.

꽃병의 꽃은 이미 죽은 꽃이죠. 다만, 꽃 스스로는 아직 깨닫지 못할 뿐. 우리는 어떻습니까? 영성이 죽어 있어도, 눈치 채기 힘들 때도 있습니다. 뿌리가 주님께 깊이 내리고 있는지 살펴보는 하루가 됩시다. 시편 80편 9절

### 274. 우리의 잣대를 버려야 합니다.

내게 필요 없으면, 실용적 잣대로 재어 쉽게 버리고 맙니다. 그러나 주님께서는 계산하고 측량하는 그 마음을 버리라고 하시네요. 오늘, 이 땅의 모든 것을 소중히 여기는 하루 되시길 기도합니다.

시편 85편 8절

**275.** **지식은 편견을 낳지만, 지혜는 조화를 낳습니다.**

아이들은 스폰지죠. 배우는 데 있어 편견을 갖지 않습니다. 지식은 때로 편견을 낳지만, 지혜는 조화를 낳습니다. 오늘 하루, 하나님의 지혜로 편견 없이 창조세계와 조화를 이루길 소망합니다.

디모데전서 5장 21절

**276.** **편견을 깨기 위해 주님이 십자가를 지셨습니다.**

편견을 깨기 위해 하나님이 사람이 되셨습니다. 나 같은 것, 구원 자격이 없다는 편견을 깨기 위해 주님이 십자가를 지셨습니다. 오늘 나는 그 은혜 아래 있습니다. 로마서 5장 19절

**277. 오직 주님이 만져주셔야 합니다.**

몸 안에 문제가 생겨서 아플 때면, 아무리 피부를 매만져도 낫지 않습니다. 우리 영혼의 문제도, 내가 매만진다 해서 낫는 것이 아니지요. 오직 주님께서 만져주실 때에야 영혼이 살아납니다. 근원을 해결하는 일, 주님께 있음을 잊지 마세요.

마태복음 9장 29절

**278. 우리는 하나님의 전령입니다.**

사람들마다 간섭이 싫어 독립을 원하고, 나만의 공간을 꿈꾸지요. 사람들과 떨어져 있을 때, 자유를 만끽하는 것 같지만, 그때 자신과 이웃으로부터 소외된다는 것을 잊지 마세요. 우리는 하나님이 이 세상에 보내신 전령 같은 존재니까요.

고린도전서 13장 11절

**279. 우리는 하늘을 보며 사는 존재입니다.**

돼지는 신체 구조학적으로 서서 하늘을 볼 수 없다고 하죠? 우리는 땅을 보며 살아가는 존재가 아니라, 하늘을 보며 살아가는 존재입니다. 우리는 태어나면서부터 하늘을 보며 살게끔 만드셨죠. 그렇기에 하늘나라를 소망하며 살아갑니다.

출애굽기 3장 5절

**280. 하늘에 닿은 사닥다리도 땅을 딛고 서 있습니다.**

뿌리가 깊어야 나무가 크게 자라듯, 땅에 굳게 서야 높이 자랄 수 있습니다. 하늘에 닿은 사닥다리도 땅을 딛고 서 있는 법! 하늘을 소망하는 우리 발도 땅을 딛고 있습니다. 이 땅의 삶에서 흔들리지 않는 믿음 되기를 기도합니다. 이사야 61장 11절

 아자!

# 기도의 삶

5

## 에피소드 15
목사님, 무슨 책 보세요?

문자를 받던 청년, 어느 날 대뜸 물어봅
니다. '목사님, 무슨 문자 보내는 책 있
어요?' 이유인즉, 혹시 그런 책 있으면
자기에게도 소개해달랍니다. 사서 읽고
문자 보내겠다고. 하하 이젠 이 책을 소
개해줘야겠네요.

## 281. 내 질문에 답하시는 주님이 계십니다.

주님은 우리의 사소한 질문에도 꼼꼼히 답해 주십니다. 다만 우리가 질문을 잊었을 뿐! 오늘은 그분의 대답에 귀 기울여 봐요. 피식 웃으며, '뭘 이런 걸 물어봤을까?' 하게 됩니다. 야고보서 1장 5절

## 282. 책임을 묻지 않고, 은혜를 깨우치십니다.

세상은 우리에게 끊임없이 원인과 결과를 따지며 책임을 묻지만, 주님은 우리에게 섭리와 은혜를 깨우치시며 용기와 희망을 주십니다. 추위를 몰아내는 뜨거운 사랑으로 축복하며~ 디모데전서 4장 6절

## 283. 가벼운 짐을 구하지 말고, 강한 어깨를 구합시다.

내게 주어진 짐이 버겁게 느껴진다면, 보다 가벼운 짐을 위해 기도하지 말고, 더 튼튼한 어깨를 기도합시다. 사실, 우리는 이 시대의 마지막 보루입니다. 그리스도 팀의 에이스! 바로 우리입니다.

요한일서 5장 3절

### 284. 기대면, 기대할 수 있습니다.

기대면 기대할 수 있습니다. 그분께 오늘, 피곤한
우리 삶을 기대면, 내일 주님께서 주시는 복된 삶
을 기대할 수 있습니다. 평안과 안식은 기본제공입
니다. 기대십시오. 그리고 기대하십시오!

잠언 15장 8절

### 285. 기도는 답장이 오는 편지입니다.

한 호흡마다 기대를 담아 내일을 향해 편지를 띄우
는 오늘. 답장을 기다리는 내일은 더 나을 거예요!
우리, 피곤한 몸엔 쉼을. 아픈 마음엔 주님이 주시
는 평화가 깃들길~ 야고보서 5장 15절

### 286. 이 땅에서의 여행을 맛볼 수 있어 감사합니다.

살아 남은 자의 슬픔과 살아있는 자의 의무를 두
어깨에 지고 긴 탄식 내뱉는 우리에게 주님께서
'수고하고, 무거운 짐 진 자들아, 다 내게로 오라'
초청하십니다. 우리에게 안식과 평안을 주시려고
~ 시편 4편 1절

287. **간절함이 사라진 삶은 건조합니다.**

간절함이 사라진 삶은 건조하죠. 목숨을 버리기까지 우릴 향한 사랑이 절박하셨던 주님. 우리 간절한 응답이 감격을 낳습니다. 시편 102편 1절

288. **주님의 창 안에서 보호받는 삶은 여유롭습니다.**

창문 너머에 보이는 세상은 여유가 있습니다. 내가 창 안에서 보호를 받고 있기 때문이죠. 주님 안에 있으면, 삶의 파고도 여유롭게 볼 수 있습니다. 기도하는 가운데 주님 품에 안기는 당신이길 소망합니다. 잠언 15장 29절

289. **떼를 쓰듯 얻어낸 것, 감사를 충분히 누립시다.**

떼를 쓰다가도 그것을 얻게 되면 금세 해맑아지는 아이와 떼쓰고 얻었음에도 바로 다른 것을 염려하는 우리가 참 대조적입니다. 주신 것에 감사하고, 충분히 누리시길 소망합니다. 마태복음 6장 30절

### 290. 작은 믿음을 요구하십니다.

주님은 우리에게 큰 믿음이 아니라 겨자씨만한 작은 믿음만 있어도 태산을 옮길 수 있다고 하십니다. 그 믿음으로 삶에 희망을 손에 쥐는 기도되길 바랍니다. 신명기 4장 7절

### 291. 우리 기도를 들어주십니다.

우리 기도를 들으시는 주님, 응답에 대한 기대가 없다면, 우리는 기도할 힘을 잃게 되겠죠. 그러나 주님께서 우리 기도를 들어주십니다. 그렇기에 우리는 주님께로 나아갈 수 있는 것입니다. 기도는 응답됩니다. 사무엘상 1장 17절

### 292. 하나님께서 신실함으로 갚아주십니다.

뿌린 대로 거둔다는 말처럼, 우리에게 희망과 두려움을 동시에 주는 말이 없지요. 이번 주 무엇을 심었습니까? 선을 심고, 사랑을 심고, 인자를 심은 우리에게 하나님께서도 선으로, 사랑으로, 화해와 인자함으로 갚아주실 거예요. 사무엘하 24장 25절

### 293. 회개는 새 옷을 덧입는 길이 됩니다.

우리는 책임을 전가하지만, 하나님께서는 직접 갚아주십니다. 아담과 하와의 죄가 드러났지만, 하나님께서 가죽 옷을 입히셨습니다. 잘못된 일에 대한 회개의 기도는 새 옷을 덧입고 생명을 얻는 길이 됩니다. 역대하 7장 14절

### 294. 우리 인생의 여정엔 기도가 꼭 필요합니다.

가까운 곳을 여행할 때와 먼 길을 여행할 때의 준비물은 사뭇 다릅니다. 동네를 다닐 때는 지도가 필요 없지만, 먼 나라를 여행할 때면 지도가 필요한 법이죠. 우리 인생의 여정에서 꼭 필요한 것은 지도와 나침반 같은 기도입니다. 시편 32편 6절

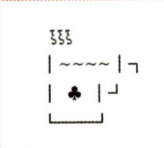

**295. 좋은 자리를 부러워말고, 좋은 자리로 만들어 갑시다.**

늘 좋고, 화려한 자리가 내 자리인 것은 아니겠지요. 그렇다고 빛나는 자리를 부러워하고 있을 수만은 없습니다. 당신, 좋은 자리를 부러워하지만 말고, 기도로 당신 자리를 좋은 자리로 만들어보세요. 시편 66편 20절

**296. 기도는 하나님을 감동시킵니다.**

하나님께서 오늘, 당신 모습을 보고 흐뭇해하십니다. 당신이 기도하기 때문입니다. 기도는 하나님을 감동시키는 비결입니다. 이사야 56장 7절

**297. 먼저 그릇을 키워야 합니다.**

우리 삶의 불만은 채워지지 않는 허기 때문이겠지요. 그러나 내 그릇이 작은데, 큰 것을 바라며 주시지 않는다고 불평을 할 일은 아닙니다. 먼저, 내 그릇을 키워야겠지요. 기도하는 가운데 큰 그릇을 준비하시길 소망합니다. 예레미야 33장 3절

298. 우리는 원하는 것을 기도하지만, 주님은 필요를 채워 주십니다.

바라는 것을 감사하는 마음으로 하나님께 아뢰면, 하나님께서는 우리의 생각을 뛰어넘는 평화를 내려주십니다. 우리는 원하는 것을 기도하지만, 하나님께서는 우리에게 필요한 것을 채워주십니다.

예레미야 29장 12절

299. '어떻게'가 아니라 '왜'를 물을 때, 응답하신다.

사람들이 '어떻게' 살아가야 행복한가를 물을 때, 우리는 '왜' 살아야 하는지를 물어야 합니다. 하나님께 '왜'를 물을 때, 우리에게 응답하십니다.

마태복음 6장 6절

## 300. 우리 눈을 듭시다.

땅에 불만을 품은 이들, 땅만 보며 사는 이들에게
땅을 기반으로 살던 불뱀을 보내셨던 주님, 우리가
어떻게 살아야 할지를 놋뱀을 만들어 위를 보라고
하십니다. 하늘을 향하는 우리의 두 눈은 기도가
됩니다. 주님께서 하늘에서부터 도우시기 때문입
니다. 역대하 32장 20절

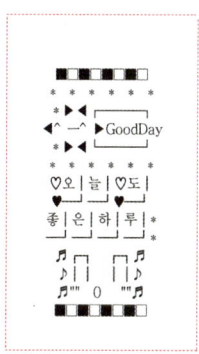

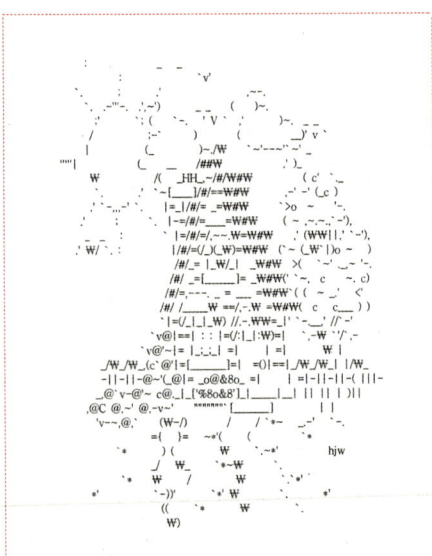

# 경건한 삶

6

혹시, 목사님?

성지순례를 13일간 다녀온 적이 있습니다. 과감하게 로밍한 폰으로 늘 보내던 수요일에 교우들에게 문자를 보냈습니다. 답 문자를 보내셨네요. '혹시, 목사님? 와~ 문자못 받을 줄 알았어요. 호호 기분 좋네요. 감사해요.'
요금이 아깝지 않습니다.

### 301. 행동하기 전까지 아는 것은 힘이 아닙니다.

행동하기 전까지 아는 것은 힘이 아닙니다. 우리가 가진 지식이 행동으로 옮겨지기 전에는 결코 힘이 될 수도 없고, 우리의 것도 아닙니다. 믿음의 행동이 힘을 낳습니다. 하나님께서 도우실 것이기 때문입니다. 야고보서 2장 18절

### 302. 하나님의 인도하심을 기도합시다.

선한 동기가 반드시 선한 결과를 낳는 것은 아닙니다. 선한 동기에 하나님의 인도하심이 필요한 법이죠. 오늘, 내 삶의 문제들 속에 하나님의 인도하심이 있기를 기도합시다. 가장 옳은 길을 가게 하실 것입니다. 에베소서 2장 10절

**303. 주님께서 행하셨던 놀라운 일들을 기억합시다.**

은혜로운 기억은 산발적으로 떨어져 있고, 힘겨운 기억은 모여 태산이 됩니다. 오늘 내 삶의 문제 앞에서 과거를 떠올리며 반복된다고 절망하지 말고, 오히려 주님께서 행하셨던 놀라운 일들을 기억합시다. 사도행전 14장 17절

**304. 비우는 것보다 무엇을 채우느냐가 더 중요합니다.**

살빼기 위해 노력하고, 더 손해 보기 전에 투자를 빼려고 노력하고, 그럼에도 비우는 것은 참 어렵습니다. 그러나 비우는 것보다 무엇을 채우느냐가 더욱 중요합니다. 주님의 빛으로 가득 채우는 당신이 되길 소망합니다. 골로새서 1장 10절

**305. 하나님을 잊는 것이 가장 큰 위기입니다.**

아무 일도 일어나지 않는 것이 평안한 것은 아닙니다. 삶이 나아질 때, 하나님을 잊지 않도록 조심하십시오. 하나님을 잊는 것이 내 삶에 가장 큰 위기이기 때문입니다. 히브리서 13장 21절

### 306. 자신을 움직여 이웃을 행복의 자리로 옮깁시다.

물은 제 길을 따라 흐르다가도 나무나 물질을 이동시키죠. 자신을 움직여 다른 것을 이동시키는 물처럼, 나 자신을 움직여 이웃을 행복의 자리로 옮겨주는 우리가 됩시다. 로마서 12장 16절

### 307. 오늘에 대한 간절함이 내일을 낳습니다.

어김없이 찾아온 아침, '오늘'에 대한 간절함 없이 '내일'에 대한 기대는 생기지 않는 법. 오늘, 오늘이 쌓여 내일이 됩니다. 힘찬 오늘 되소서.

빌립보서 1장 20절

### 308. 모든 모양이라도, 악은 버립시다.

처음엔 조금 튀는 물도 호들갑을 떨며 피하지만, 조금 젖고 나면, '이왕 젖은 거' 하며 물속으로 뛰어들기 쉽습니다. 우리, 주의 은혜로 깨끗하게 되었잖아요. 조그마한 악에도 주의를 기울입시다. '이왕 버린 거' 하며 경건을 포기할 순 없잖아요.

데살로니가전서 5장 22절

**309. 경험보다 소중한 것은 하나님의 지혜입니다.**

내 삶에 어떤 것을 경험하는가는 중요하죠. 하지만 무엇을 경험하며 살아가는가보다 더 중요한 것은 하나님의 지혜입니다. 우리 삶을 인도하시는 하나님을 아는 것이야말로 지혜 가운데 으뜸입니다. 잊지 마소서. 베드로전서 2장 12절

**310. 은혜는 위에서 아래로 흐릅니다.**

창조세계의 모든 에너지는 높은 곳에서 낮은 곳으로 흐릅니다. 물이 높은 곳에서 아래로 흐르듯, 은혜는 하나님으로부터 자연스럽게 흘러내립니다. 갈급한 사람에게로 흘러내립니다. 은혜의 흐름, 꼭대기에 서길 기도합니다. 시편 133편 2절

**311. 회색빛 도시도 노을이 지면, 붉게 물듭니다.**

하늘에 노을이 붉게 물들면, 절망의 회색빛 도시도 붉게 물드는 법입니다. 주님의 은혜는 우리 존재를 아름답게 물들이죠. 우린 그 빛을 받아서 전하기만 하면 됩니다. 에베소서 5장 8절

### 312. 기억의 창고를 살피면, 해답이 보입니다.

내 삶의 기억의 창고를 살펴, 삶의 해답을 찾는 하루하루 되길 소망합니다. 주님 주시는 지혜를 활용한다면, 창고엔 언제나 선한 해답이 자리를 잡고 있을 테니까요. 요한복음 8장 12절

### 313. 기도로 뿌듯해 하는 우리가 됩시다.

'일이 그렇게 잘 풀린 건, 다 내 기도 때문이야.' 남들에게 말하지는 않아도 스스로 뿌듯해할 수 있기를 바랍니다. 그만큼 그 일을 위해 열심히 기도했다는 증거가 되는 거잖아요. 다만 교만하지만 않는다면, 100점 만점에 100점일거예요. 시편 128편 2절

### 314. 오늘 충실하면, 내일 거목이 됩니다.

나무가 거목이 되기까지는 오랜 시간이 걸립니다. 그 사이에 '넌 왜 이리 빨리 자라지 않니?' 하며 타박할 일도 아니죠. 주어진 삶에 충실하다보면, 어느샌가 높이 솟은 나무가 됩니다. 오늘에 충실하면 내일, 거목으로 자라납니다. 시편 80편 9절

**315. 대접 받고 싶은 대로 대접합시다.**

하나님의 사랑을 받고 싶은 만큼 하나님을 사랑합
시다. 하나님의 부재를 못 견뎌 한다면, 하나님께
내 존재를 늘 알리며 살아갑시다. '대접 받고 싶은
대로 대접하라.' 주님의 황금률입니다. 내 한 걸음
은 하나님의 세 걸음을 이끌어 내니까요.

마태복음 7장 12절

**316. 주님의 나라는 기대하는 자들의 것입니다.**

이 정도면 됐다 싶었는데, 일이 꼬이면 속상한 법
이죠. 낙담이 깊어지면 기대를 잃어버리게 됩니다.
그러나 기대를 버리는 건, 하나님의 통치를 저버리
는 것과 같습니다. 하나님의 나라는 기대하는 자들
의 것입니다. 느헤미야 13장 14절

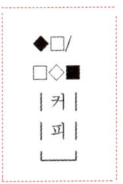

**317. 몸으로 익히면 자연스러워집니다.**

자전거를 배우기까지는 여러 번 넘어지죠. 하지만 한번 배우고 나면, 몇 년이 지난 후에도 자전거를 능숙하게 탈 수 있습니다. 몸이 알고 있기 때문입니다. 경건도 몸으로 익혀 보세요. 어렵게 느껴지던 성화의 삶도 몸에 익으면 자연스러워 집니다.

디모데전서 4장 7절

**318. 당신의 푸름을 기억합니다.**

하늘은 땅 전부를 쓸어버릴 듯 물을 쏟아내기도 했다가, 어느샌가 보기만 해도 좋은 푸름을 만들어내네요. 당신과 나 역시 마찬가지입니다. 오늘 당신의 하늘이 어떤 색을 띠고 있을지라도, 당신의 푸름을 기억합니다. 시편 91편 4절

**319.** **무엇을 담고 있느냐에 따라 가치가 달라집니다.**

보석을 담고 있으면 보석함, 쓰레기를 담고 있으면 쓰레기통이 되지요. 그릇은 무엇을 담고 있느냐에 따라 가치가 결정됩니다. 당신과 나, 세상에서 가장 귀한 주님을 담고 있습니다. 주님을 쏟지 않는 우리가 됩시다. 디모데후서 2장 21절

**320.** **당신의 이름이 새겨진 자리는 어디인가요?**

뽕나무 위가 삭개오의 자리가 아니듯, 절망의 자리는 당신의 자리가 아닙니다. 당신, 주님 안에서 소망의 자리로 옮길 수 있습니다. 그곳이 참된 자리입니다. 당신의 이름이 새겨진 자리. 그곳에서 주님이 기다리고 계십니다. 누가복음 19장 5절

```
★★★────────────────────────♪♪
★■★■★■★■★■★■★■★────────♪
오。○,○,○.웃.음.보.다,슬.픔.품.으.로.○○
○○○○많.은.세.상.이.라.지.만.○○
○○○○당.신.이.가.진.하.루.는.○○
○○○○항.상.해.맑.은.웃.음.으.로.○○
○○○○햇.살.처.럼.빛.나.길.바.래.요.○○
★■★■★■★■★■★■★■★────────♪♪
★★★
```

# 아침에 받는 문자

전, 아무것도 해 드린 게 없는데요.

1년여를 예배 참석 못 한 청년이 있습니다. 꾸준히 문자를 보내던 어느 날, '목사님, 전 아무것도 해드린 게 없는데… 감사해요. 곧 찾아뵙겠습니다.'
잃었던 양을 찾는 목자의 마음으로 문자를 보내면, 결국 찾게 됩니다.

### 321. 밤새 주님께서 지키셨어요.

순간순간 엄습해오는 두려움 속에서도 주님께서 밤새 지키셨으리라 확신하며 당신을 위해 기도합니다. 평안이, 그리고 주님 능력의 손길이 이 아침, 덮으시길~ 시편 5편 3절

### 322. 우릴 괴롭히던 문제는 작은 문제일 뿐이예요.

우리 삶을 괴롭히는 문제들도 돌이켜보면, 작은 문제입니다. 왜냐하면, 우리에게 주님이 버팀목이 되어주시기 때문입니다. 오늘 하루, 그분의 껌딱지가 되어 보는 건 어떨까요? 시편 30편 5절

### 323. 주님께 손 내밀면, 채워주십니다.

우리 삶에 필요한 것이 무엇인지 아시는 주님께서 '네 손을 내밀라. 내가 채우리라'고 말씀하십니다. 오늘 기도하는 가운데 들려온 감동입니다. 역사하시는 주님의 손길을 기대하고 체험하는 하루되길

~ 누가복음 6장 10절

**324. 오늘의 선물이 도착했습니다.**

우리는 그분께 오늘, 지금 당장을 생각하며 떼를 써보지만, 주님은 내일, 그리고 영원을 계획하며 인내하고 계십니다. 그렇다고 속상해 하지 마세요. 오늘을 위한 선물을 따로 준비해 두셨으니까요. 아! 벌써 도착했다구요? 요한복음 4장 10절

**325. 선택의 폭이 좁은 것은 은혜입니다.**

선택의 폭이 작다고 불평하지 말고 선한 것을 택해 보세요. 선택의 폭이 좁은 것은 우리에게 은혜입니다. 주님께서는 하늘보좌와 당신 사이에서 단호히 당신을 선택하시고, 후회하지 않으십니다.

빌립보서 2장 8절

**326. 감동과 감격의 날 되시길~**

삶이 나아질수록 감격을 잃고, 풀 수 없는 문제 앞에선 절망이 앞섭니다. 그렇기에 은혜가 필요합니다. 감동과 감격의 날 되시길~ 이사야 49장 8절

### 327. 희망은 조각하는 겁니다.

오늘 다시 힘을 내어 새롭게 희망을 만들어 갑시
다. 눈앞에 커다란 바위가 있습니까? 걱정하지 마
세요. 희망으로 바뀔 수 있습니다. 희망은 조각하
는 거니까요. 출애굽기 35장 35절

### 328. 우리는 주님을 위해 하루를 쓰는 사람들입니다.

자기가 아는 지식을 자기 기분을 위해 쓰는 사람과
모든 것을 주님을 위해 사용하는 사람이 있습니다.
오늘 하루, 주님을 위해 모든 것을 사용하는 당신
이길 기도합니다. 잠언 15장 2절

### 329. 원하는 것과 필요로 하는 모든 것을 채우십니다.

사람은 원하는 것과 필요로 하는 것을 모두 이룰
때 행복합니다. 우리가 원하는 바를 기도하면, 주
님께서 필요까지 채우십니다. 오늘은 특별히 행복
할거예요. 잠언 30장 8절

### 330. 믿음을 굳게 지키는 아침 되길 소망합니다.

내게 있는 것 잃어버린 아픔을 겪곤 하죠. 잃어버린 것도 서러운데, 하나님까지 잃어버리고, 믿음까지 잃어버리면, 우리에겐 남는 것이 없잖아요. 믿음을 굳게 지키는 아침 되길 소망합니다.

열왕기상 17장 6절

### 331. 절망은 씻겨지고 은혜로 감격한 하루가 되세요.

물 컵에 더러운 것이 묻으면, 새 물을 담아도 마실 수가 없죠. 오늘 절망이 완전히 사라질 때까지 부어주시는 하나님의 은혜로 감격한 하루가 될거예요. 디모데전서 1장 14절

### 332. 이 아침, 무엇을 원하십니까?

하나님은 우리에게 희망을 주시지만, 무조건적인 희망을 주시지는 않아요. 옳은 것, 바른 것을 소망해야 희망과 번영을 주십니다. 이 아침, 무엇을 원하십니까? 그것이 바른지, 옳은지 묻고 주님께 간구하는 당신이길 소망합니다. 시편 59편 16절

### 333. 바닥을 치는 믿음 한 조각이라도 끌어 모아야지요.

힘들고 어려운 믿음의 길에서 예수님을 놓지 않음으로 깨달아 교회의 반석이 되었던 베드로처럼, 바닥을 치는 믿음 한 조각이라도 끌어 모아 예수 그리스도를 붙잡읍시다. 오늘, 당신 삶이 녹록하지 않아도 포기하지 마세요. 마태복음 28장 9절

### 334. 인내하는 하루가 되십시오.

양계장에서 제일 먼저 잡히는 닭은 알을 낳지 못하는 닭이죠. 알을 낳는 아픔을 인내한 닭의 생명이 귀하듯, 고난 가운데 인내하는 당신은 귀한 존재입니다. 하나님의 성품, 인내하는 오늘 하루가 되길 원합니다. 전도서 11장 6절

**335.** 하나님이 약속하신 하루가 밝았습니다.

약속이 바뀌거나, 어기게 되면 화가 나는 법이지
요. 사람사이의 약속은 때로 어겨지기도 하지만,
하나님께서 우리와 맺은 언약은 일점일획도 변함
이 없으십니다. 그 약속의 하루가 밝았어요. 성취
의 기쁨을 만끽하시길 ~ 마태복음 5장 18절

**336.** 하나님께 약속한 것들을 지키는 하루가 되십시오.

이리저리 뒤척이다 하나님께 약속한 것들이 있잖
아요. 벌써 잊은 건 아니겠지요? 아직 잉크도 마르
지 않았습니다. 지키기 위해 애쓰는 오늘 하루가
되길 원합니다. 못다 지켰어도, 애씀만으로 우리에
게 은혜 베푸실 하나님이시잖아요. 시편 1편 3절

## 337. 꽉 쥐어서는 모두 흘려버립니다.

손바닥에 물을 담으려면 꽉 쥐어서는 안 됩니다. 더 굳게 잡겠다고 꽉 쥐면, 그대로 흘러내리는 법이지요. 사랑은, 내가 꽉 쥐어서는 잡히지 않습니다. 손바닥 위의 느낌 그대로, 집중하는 하루가 되길 기도합니다. 이사야44장3절

## 338. 서로 기대면 넘을 수 있습니다.

얼마나 높은 산을, 얼마나 많이 넘어야 할지 알 수는 없지만, 아픈 다리 서로 기대면 충분히 넘을 수 있습니다. 이 아침, 당신의 힘찬 걸음 위해 기도합니다. 역대하34장30절

## 339. 소망은 하나님께로부터 옵니다.

내가 원하는 것, 갈망하는 것을 따라가다 보면, 그 끝에는 내 눈에 보이지 않던 하나님이 계십니다. 소망은 하나님께로부터 오기 때문입니다. 아모스3장7절

## 340. 믿음의 가치를 발하는 오늘이 되십시오.

세상에 믿을 놈 하나 없다고 투덜대곤 하지요. 해결책은 있습니다. 먼저 믿어주는 거예요. 신뢰를 회복하고 싶다면, 먼저 믿어야 합니다. 믿음의 가치를 발하는 오늘이 되길 소망합니다.

디모데후서 1장 5절

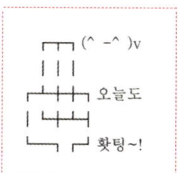

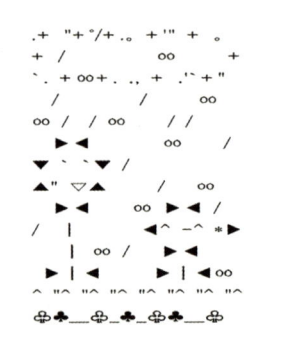

# 점심에 받는 문자

### 에피소드 18

왜 저한텐 안보내세요!

문자를 보내고 있는 중에 전화가 왔습니다. '목사님, OO하고 같이 있는데요. 왜 저에게는 문자 안보내세요? 서운해요.' 이것 참, 난감하네요. 휴대폰으로 보내면 20명씩밖에 못 보냅니다. 가나다순으로 보내던 중인데, 순서로도 서운해하기도 하네요.

### 341. 희망으로 가득찬 당신이길 원합니다.

아주 잠깐 햇볕을 받았을 뿐인데, 얼굴 전체가 그을렸네요. 아주 잠깐 그분의 빛을 받아도 감출 수 없도록 희망과 기대로 가득 찬 얼굴, 사랑으로 광채가 나는 얼굴로 바뀌는 그런 오늘이길 기도합니다. 시편 37편 6절

### 342. 구름을 걷어낸 희망으로

우리 하나님은 당신의 신실하심을 위해서라도 결코 우리를 버리지 않으신답니다. 기운 내소서. 참 오랜만에 해가 뜨니 기분이 좋습니다. 우리 삶에도 구름을 걷어낸 희망이 걸음을 가볍게~

창세기 9장 13절

### 343. 주의 사랑이 하늘에 펼쳐졌어요.

하늘 참 파랗죠? 파란 하늘을 보고 있노라면, 절로 기분이 좋아집니다. 우리를 향한 주의 사랑이 지금 하늘에 푸른빛으로 물들었네요. 힘내세요. 더위와 어두움은 곧 물러갑니다. 시편 9편 3절

### 344. 꿈으로 인해 일어섭니다.

꿈 때문에 벅차고, 꿈 때문에 눈물 흘리고, 꿈 때문에 좌절하고, 꿈 때문에 다시금 일어섭니다. 마침내 꿈으로 인해 미소 띠우는 하루가 되길 소망하며 ~마가복음 9장 7절

### 345. 풍부한 상상력으로 채색하세요.

상상력이 메마른 세대는 건조하죠. 현실을 직시하되, 풍부한 상상으로 삶을 더욱 다채롭게 채색하는 당신이길 소망합니다. 우리 삶은 우리가 그릴 캔버스이니까요. 시편 104편 2절

### 346. 노래는 가장 강렬한 표현입니다.

우리는 기쁠 때도, 슬플 때도, 위로가 필요할 때도, 용기를 내야할 때도, 사랑할 때에도, 무엇보다 그분을 높일 때에도 노래를 부릅니다. 가장 쉬운 방법, 하지만 가장 강렬한 표현이 노래입니다. 흥에 겨운 오후 한 때 되시길~ 시편 21편 13절

## 347. 여백은 창조를 위한 에너지입니다.

뭔가 새롭게 하고 싶다면, 먼저 비워야 하겠지요.
내 삶의 여백이 많다는 것은 그만큼 창조의 에너지
가 넘친다는 뜻입니다. 그렇다고 쥐어 짜내듯 채울
필욘 없어요. 여백은 그 자체로도 아름다우니까요.
빌립보서 2장 7절

## 348. 하늘은 우리 삶의 출입구입니다.

얽히고설킨 미로 같은 우리 삶이지만, 막힌 벽을
열어주는 건, 출입구. '문'이겠지요. 나른한 오후입
니까? 잠깐 쳐다보는 하늘은, 우리의 출입구입니
다. 하늘을 열어두신 주님께 감사하며, 기운내세
요. 에베소서 2장 14절

## 349. 생명은 사랑으로 시작됩니다.

모든 생명은, 사랑으로 시작해서 사랑으로 마무리
됩니다. 오늘, 당신 어떤 하루를 시작했습니까? 혹
갈등이 있었더라도, 오늘의 마무리는 사랑이 될 거
예요. 당신이 기도하고 있으니까요. 요한복음 1장 4절

**350.** 볼 수 있다면, 할 수 있습니다.

볼 수 있다면, 할 수 있습니다. 믿을 수 있다면, 내겐 아무 문제가 없습니다. 당신이 지니고 있는 믿음, 하나님께서 당신에게 주신 선물, 믿음이 힘을 발휘할 겁니다. 분명히 말이죠. 요한복음 3장 3절

**351.** 손을 내밀면, 잡아주는 사람 반드시 있습니다.

화해의 손, 도움의 손, 용서의 손, 먼저 내밉시다. 먼저 손을 내밀면 잡아주는 사람 반드시 있습니다. 먼저 선을 행하는 그리스도인이 됩시다.

누가복음 12장 58절

**352.** 선물의 가치를 알면, 더욱 후하게 받게 됩니다.

생 전체를 돌아보면, 우리에게 주어진 선물들이 있습니다. 어떤 대가를 바라는 뇌물이 아니라, 말 그대로 선물입니다. 선물에 담긴 사랑을 아는 당신, 더욱 후하게 주시는 은혜를 경험할 겁니다.

디모데전서 6장 17절

### 353. 감사는 기쁨으로 가는 가장 확실한 길입니다.

어느 순간부터 감사했던 바로 그 일들이 당연한 것으로 생각되는 삶을 살곤 하죠. 하지만, 잊지 맙시다. 당연한 것이 아니라, 감사한 것임을~ 감사는 기쁨으로 가는 가장 빠르고, 확실한 길입니다.

시편 97편 11절

### 354. 함께 앉으면, 함께 할 수 있습니다.

모든 분열과 갈등의 이유는 서로를 잘 알지 못하기 때문입니다. 나만 옳다고 생각하는 고집 때문입니다. 겸손히 함께 앉으면, 함께 할 수 있습니다. 함께 앉는 자리, 오늘 당신에게 있기를 소망합니다.

빌립보서 2장 4절

### 355. 당신의 빛이 필요합니다.

혼돈을 겪고 있는 시대, 지금 딱 당신이 비출 수 있는 만큼의 빛이 필요합니다. 당신 안에 빛이 있음을 잊지 마세요. 지금도 반짝 반짝 빛나고 있습니다. 빌레몬서 1장 20절

## 356. 살아있는 동안 꼭 해야 할 일

우리가 호흡하는 동안 꼭 해야 할 일이 있습니다. 그것은 사랑입니다. 사랑 안에 모든 답이 들어있습니다. 사랑은 정직하기에, 사랑은 바르기에 참 사랑을 하는 사람에겐 어긋남이란 있을 수 없습니다. 무엇보다 하나님을 사랑하는 우리이길~

신명기 15장 14절

## 357. 지나온 삶을 사랑해요.

흔적이 많이 남아 있을수록, 오래될수록 가치는 더 빛이 납니다. 모두가 새로운 것만을 추구할 때, 지나온 내 삶을 사랑하며, 보듬어 갑시다.

신명기 4장 32절

## 358. 두 팔을 벌려야 안을 수 있습니다.

세상에 나온 우리는, 나를 보호하기 위해 팔을 모으기보다 먼저 두 팔을 벌려 엄마, 아빠를 안았습니다. 두 팔을 벌려야 안을 수 있습니다. 팔을 벌려 보세요. 마가복음 10장 16절

### 359. 우리에겐 날개가 있잖아요.

어둠은 끊임없이 우리를 절벽 아래로 떨어뜨리려 하지만, 우리에겐 날개가 있습니다. 우리가 눈물 흘린 오늘, 주님 주시는 힘으로 높이 솟구쳐 절벽을 넘어설 수 있습니다. 스가랴 14장 8절

### 360. 우리가 변하면 바뀔 수 있습니다.

안타까운 현실 앞에서 '어쩔 수 없다.'는 한숨이 더 아프게 들려옵니다. 어쩔 수 없는 일은 없습니다. 모든 일은 하나님께서 지으신 사람을 통해서 이루어지는 법. 우리가 변하면 바뀔 수 있습니다. 그 걸음 내딛는 오후가 되길 소망하며~

고린도전서 15장 51절

# 저녁에 받는 문자

### 에피소드 19

목사님, 문자 좀 보내주시죠?

함께 카르디아 선교회에서 같이 사역하던 전도사님이 있었습니다. 그분이 사역지를 옮기게 되어 몇 번 문자로 축복한 뒤에는 문자를 보내지 않았었지요. 한참 뒤 문자가 왔네요. '목사님, 문자 좀 보내주시죠? 멀리 떠났다고 절 잊으심 아니 되옵니다~ 흑흑'

그 누구든지, 꾸준한 사랑과 관심을 원합니다.

### 361. 덤으로 주어진 시간이라 여기며

바쁘고 분주하던 시간이 멈춘 듯, 조용하고 한적한 시간입니다. 외로움을 느끼기보다 덤으로 주어진 시간이라 여기며, 한껏 쉼을 얻길 기도합니다.

마가복음 6장 31절

### 362. 주의 은혜 때문에 웃을 수 있어요.

힘들고 어려운 일을 하면서도 웃을 수 있는 건, 사랑과 주의 은혜 때문이죠~ 오늘 수고 많이 하셨습니다. 가장 편안한 안식이 있기를~ 시편 30편 5절

### 363. 위로하는 자에게 더 큰 위로가 옵니다.

깊은 상처를 가진 마음을 어루만져 주시고, 위로하시길~ 이 아픔이 힘이 되어 이해하고 위로하는 동안 또 더 큰 위로를 받게 하시는 주의 평안이 있기를~ 고린도후서 1장 4절

**364.** 주님 안에 붙어 있다면, 흔들리지 않습니다.

머물고 싶어도 바람에 방황하는 낙엽은, 붙어 있는 나뭇잎을 부러워합니다. 우리, 주 안에 붙어 있다면, 삶이 흔들리지 않습니다. 고린도전서 15장 58절

**365.** 함께여서 행복했습니다.

함께여서 행복했습니다. 사랑하고 애쓰는 마음을 가장 깊은 곳에 담아 눈뜨는 매일 아침 꺼내보렵니다. 잘 쉬세요. 고생 많았습니다. 출애굽기 3장 12절

**366.** 오늘 당신 꿈은 어떤 모양일까요?

구름, 달콤한 솜사탕으로 보면, 동심의 꿈이 보이듯, 우리 오늘 하루를 주님의 눈으로 보았다면 행복할 거예요. 보았지요? 당신 꿈은 어떤 모양일지 몹시 궁금하네요. 출애굽기 34장 5절

### 367. 되돌아보면, 새로운 것을 깨닫게 됩니다.

되돌아보면, 반성을 하면, 새로운 것을 깨닫게 되거나, 잘못 생각했던 것으로부터 되돌릴 수 있는 법이죠. 오늘 밤이 깊은 반성의 시간이 되길 기도합니다. 유다서 1장 5절

### 368. 우리 눈물은 또 다른 기도입니다.

즐거워하는 자들로 함께 즐거워하고, 우는 자와 함께 울라고 성경은 가르쳐주고 있습니다. 지금 우리 곁에 아픔을 지닌 영혼들을 위해, 울며 기도하는 우리가 되길 소망합니다. 우리 눈물은 또 다른 방식의 기도니까요. 로마서 12장 15절

**369.** 내 모든 일에 주님을 인정하기 원합니다.

문제 앞에서 자유롭지 못하며, 자유롭지 못하기에 밤새 끙끙댑니다. 이 문제가 내 삶의 전부라고 생각하기 때문이지요. 문제로부터 자유로울 수 있는 해법을 이미 당신은 알고 있습니다. 내 하는 모든 일에 주님을 인정하는 밤 되소서. 출애굽기 16장 13절

**370.** 파동은 지속되지 않습니다.

고요한 호수에 돌 하나 던지면, 파동이입니다. 우리 삶에도 환경 속에 떨어진 고난의 파동이 있지요. 하지만, 파동은 지속되지 않습니다. 이내 파동이 잠잠해지고, 다시 고요해지듯, 주의 은혜로 평강이 찾아올 거예요. 시편 131편 2절

## 371. 원인을 따라가면, 하나님을 만나게 됩니다.

지진의 원인은 지구 내부 층의 운동 때문입니다. 하지만 운동의 원인을 알기란 어렵습니다. 우리가 원인이라 판단한 것들이 또 다른 현상에 지나지 않지요. 원인의 근원을 따라가면, 하나님을 만나게 됩니다. 선하신 섭리를 믿음으로 고백하시길~

이사야 33장 13절

## 372. 충분하다 느끼는 주의 은혜, 삶을 더욱 평안케 합니다.

누군가는 세월이 빠르다고 말하고, 누군가는 더디 간다 합니다. 하지만, 시간은 모두에게 똑같이 주어지죠. 은혜도 누군가는 부족하다 여기고, 누군가는 충분하다 여기며 감사합니다. 누가 더 평안을 누릴까요? 언제나 샬롬 하시길 기도합니다.

골로새서 4장 5절

**373.** 기도하기에 더 없이 좋은 시간입니다.

사람의 힘으로 감당할 수 없는 부분을 만나게 될
때, 우리는 겸손하게 됩니다. 역경을 만나거나, 일
의 시작을 접할 때면, 생각이 깊어지고 기도가 깊
어지는 법이지요. 오늘 삶이 만만하지 않았지요?
그러기에 기도하기 더없이 좋은 시간입니다.

고린도전서 10장 13절


**374.** 긴 호흡으로 삶을 보기 원하며

위기는 때때로 나 스스로 만들어내곤 합니다. 멀리
보지 못하기 때문이죠. 긴 호흡으로 삶을 바라보
며, 인도하시는 하나님의 지침을 바라볼 수 있는
우리가 되길 소망합니다. 이 밤은 긴 호흡에 딱 알
맞습니다. 시편 139편 2절

### 375. 소박함이 영을 맑게 합니다.

어찌 보면, 사람 참 단순하지요? 이런 단순함을 다른 말로, 소박하다고 할 수 있습니다. 소박한 밥상이 몸을 건강하게 하듯, 소박한 신앙이 우리 영을 맑게 합니다. 밤은 소박함과 겸손의 극치입니다. 우리 영이 맑아지고 있어요. 민수기 22장 19절

### 376. 국가대표 크리스천! 바로 당신입니다.

슬럼프에 빠진 선수를 일깨우는 법은 지적하는 것이 아니라, 팀에서 차지하는 비중과 존재 가치를 확인시키며 격려하는 것입니다. 당신, 우리에게 가장 귀한 존재입니다. 국가대표 크리스천! 당신의 또 다른 이름입니다. 잠언 10장 20절

### 377. 찾아보는 것만으로도 은혜가 됩니다.

하나님께서는 이 땅에서 우리가 '절망과 한숨' 속에서 살기 원하지 않으십니다. '기쁨과 평강' 속에 살기 원하시죠. 잘 살펴보세요. 하나님의 손길을 찾아보는 것만으로도 은혜가 됩니다. 이사야 35장 10절

**378. 우리 삶에 가장 좋은 것은 언제나 눈앞에 있습니다.**

당신이 원하는 삶의 모습과 당신 자신의 모습사이의 거리는 그리 멀지 않습니다. 원하는 것을 다 이룰 수는 없지만, 우리 삶에 가장 좋은 것은 언제나 눈앞에 있습니다. 오늘 손을 뻗어 다다르길 소망합니다. 로마서 15장 13절

**379. 이제 곧 그 꿈이 이루어질 때가 온 거예요.**

하나님의 꿈은 주님의 부활을 통해 완성되었잖아요. 당신 꿈은 어디쯤 와있습니까? 혹, 깊은 절망과 어둠 속에 있다면, 이제 곧 꿈이 이루어질 때가 온 것임을 믿으시길 바랍니다. 요한복음 5장 25절

**380. 꿈을 놓지 않으면, 꿈은 달아나지 않습니다.**

존재의 변화는 환경에 따른 것이 아니라, 내면으로부터 변할 때 참된 변화가 옵니다. 내가 꿈을 놓지 않으면, 꿈은 달아나지 않습니다. 이 밤, 꿈을 재차 확인하는 밤 되소서. 요한복음 10장 28절

# 계절에 따른
# 80바이트의 희망

## 에피소드 20

죄송해요. 조카가 스팸 체크 해놨네요.

늘 답 문자를 보내던 청년, 답 문자가 없기에, 요즘 문자 잘 받고 있냐고 물었더니, '네? 목사님 문자 안 왔는데요?' 의아해 하고 있는 터에, 며칠 뒤 전화가 왔습니다. '목사님, 죄송해요. 조카가 휴대폰 가지고 놀다가 목사님 번호를 스팸 체크 해놨네요. 목사님 문자가 전부 스팸 문자함에 있어요.'
조카들의 손을 조심하세요. 휴대폰 이상해집니다.

## 381. 삶의 마무리는 언제나 기쁨입니다.

옷 속을 파고드는 봄바람으로 약한 한기를 느끼는 아침, 오늘 당신 삶의 마무리는 기쁨으로 마침표가 찍혀지기를 소망하며 기도합니다. 다니엘 12장 13절

## 382. 긴 옷을 꺼낼 지혜만 있으면 충분합니다.

혹독한 겨울을 이겨냈건만, 이른 봄의 쌀쌀함도 춥다고 느끼는 우리는 그만큼 연약합니다. 그럼에도 좌절하지 않는 건, 긴 팔 옷을 옷장에서 꺼내는 지혜가 있기 때문이죠. 옷장에서 옷을 꺼내듯, 기도 한마디로 평안은 우리의 것입니다. 마태복음 6장 6절

## 383. 밖이 요란할수록, 내면은 더욱 또렷해집니다.

비 내리는 봄 날, 내 공간 안의 울림이 더 또렷해지네요~ 아하 삶의 풍랑 속에서 영혼의 울림이 그래서 큰 파동을 지었군요. 밖이 요란할수록 내면을 살피는 오늘 하루 되소서~ 욥기 33장 28절

**384. 연녹색의 잎은 약해보이지만, 무시하지 마세요.**

연녹색의 작은 잎이 나뭇가지마다 맺혔네요. 왠지
연약해 보이고, 돌봐줘야 할 듯하지만, 무시하지
마세요. 겨울을 이겨낸 잎이니까요. 우리도 그렇게
혹독한 역경과 아픔을 이기고 믿음을 지켜냈잖아
요. 잎을 보며 당당해지소서. 요한복음 16장 33절

**385. 미리 염려할 필은 없잖아요.**

더워질 날을 염려하다보면 오늘의 화창함을 만끽
할 순 없겠죠~ 내일 일은 내일 염려하라신 주님 말
씀은 오늘 내 삶이 너무 소중하다는 깨우침입니다.
오늘 당신 한숨이 희망의 들숨과 날숨 되길~

마태복음 6장 34절

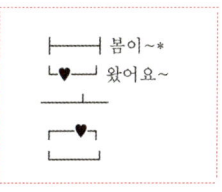

### 386. 변하지 않는 당연함. 주님의 은혜입니다.

해가 지면, 선선할 줄 알았는데 열대야가 극성이네요. 당연하다 생각되는 것들이 틀어질 때면, 늘 당혹스럽지요. 하지만 변하지 않는 당연함, 하나님께서 우리의 힘이 되신다는 거죠. 우리의 든든한 빽, 하나님을 신뢰함으로 당당하게 살아갑시다.

시편 110편 4절

### 387. 당신을 떠올리기만 해도, 누군가는 힘을 얻어요.

'얼음' 단어만 떠올려도 시원함이 기대됩니다. 그댈 떠올리는 것만으로도 누군가는 힘을 얻네요. 내쉬는 숨에 힘겨움이 배어 나오지만, 아직 죽지 않았잖아요~ 할 수 있어요~! 자~! 베드로후서 1장 19절

**388.** 우리는 잊지만, 주님은 기억하세요.

조금 더 내려주어도 되는데~ 하는 아쉬움이 남는 소낙비가 지나갑니다. 그러고 보면, 사실 우리를 만족하게 하는 일들이 그리 많지는 않지요. 그건 아마도, 내 욕심과 또 좋은 기억을 금세 잊는 망각 때문이기도 할겁니다. 시편103편5절

**389.** 기회를 놓치지 마세요.

봄옷도 채 못 꺼낸 게 많은데, 벌써 여름이 왔어요. '나중에 써야지~'하다보면, 미처 쓸 기회를 놓치기도 합니다. 사랑도, 삶도 모두 말이예요. 오늘, 주께서 우리를 위한 사랑 가운데 내일 쓰겠다고 창고에 재워두시지 않는다는 거~ 느껴 보시길

느헤미야8장10절

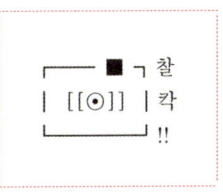

**390. 준비를 했어도 다 못한 준비가 태산입니다.**

도로의 아스팔트도 이글거리는 태양에 녹을 것 같
네요. 예보를 듣고 준비를 했어도, 당황스럽기 까지
합니다. 우리 삶, 준비를 했어도 다 못한 준비가 태
산입니다. 하지만… 뭐 이런 것 때문에 익사이팅한
법이겠지요~ 주님이 도우실테니 까요. 욥기 38장 1절


**(가을)**

**391. 이 바람의 끝에 그댈 위한 사랑이 있어요.**

바람이 이네요~ 이 바람 끝엔 우리를 향한 주님의
따뜻한 사랑이 있다는 것을 깨닫게 합니다. 자연을
통해 참 많은 것을 가르쳐 주시는 하나님께 감사하
며… 사랑하며 ~이사야 25장 4절


**392. 무지갯빛 꿈을 응원합니다.**

비 오면 다니기 불편하지만, 빗소리는 꿈을 꾸게
합니다. 이 비 너머에는 하나님께서 주신 무지개가
있잖아요. 당신의 무지갯빛 꿈을 응원합니다.

창세기 9장 16절

### 393. 변화는 에너지가 드는 법입니다.

계절이 변해서인지 몸이 피곤하죠? 뭐든 변화를
이끌어 내려면 에너지가 드는 법입니다. 당신 안의
에너지가 좋은 변화를 만들길 기도합니다.

이사야40장31절

### 394. 춤추는 잎새에도 희망을 보았습니다.

바람에 따라 춤추는 잎새에서도 희망을 보는 한주
였습니다. 바람에 내어맡기는 자연은, 우리가 어떻
게 살아가야할지를 보여주네요. 샬롬~ 주님 뜻대
로 맡기는 한주 되길 소망합니다. 시편37편5절

### 395. 놓고 가야할 것들이 있습니다.

겨울을 준비하는 나무가 낙엽을 떨궈내듯, 혹독한
시련이 닥칠수록 놓고 가야할 것들이 있습니다. 그
러나 속상해 하지 마시길… 떨궈진 낙엽은 새싹의
양분이 되는 거니까요. 역경을 앞에 두고 내려놓지
만, 그 모든 것이 양분이 됩니다. 히브리서13장6절

(겨울)

**396. 어려움은 잊혀집니다.**

단 몇 시간 지났을 뿐인 추위도 쉬이 잊는 우리. 그
래, 어려움은 그렇게 잊혀질 수도 있는 법. 지금은
따뜻한 희망으로 팔을 걸고 굳게 서야할 때~! 주
의 도우심이 함께~! 야고보서 5장 11절

**397. 따뜻한 마음은 전달됩니다.**

우리가 주머니 속 캔 커피의 온기를 의지하지 않아
도 우리 따뜻한 마음은 전달된답니다. 시리기에 마
음도 어는 것 같은 오늘은 주님도 그댈 통해 온기
전하고 싶어 하시네요. 사도행전 16장 10절

**398. 우리의 내일은 좀 더 나아질 거예요.**

오늘 하루 종일 고생하셨습니다. 큰 눈에 힘겨웠지
만, 포근함과 조용함으로 위로를 주네요. 평안한
안식과 내일은 좀 나은 상황이 펼쳐질 것을 기대하
면서… 주의 은총이 함께 하시길 로마서 12장 19절

**399.** 익숙해지지 않는 절망, 소망이 지속되게 합시다.

추위가 지속되어 익숙해질 법한데, 여전히 추운 게 싫네요. 절망도 익숙해지지 않는 법! 우리, 주의 은혜로 소망이 지속되게 합시다. 이사야33장2절

**400.** 뜨거운 불은 사람을 흩어버리지만, 화롯불은 사람들을 모읍니다.

뜨거운 모닥불은 사람들을 멀리 떨어지게 하지만, 잔잔한 화롯불은 사람들을 모읍니다. 이 겨울, 할머니 집의 화로가 특히 생각나는 때입니다. 사람들의 사랑, 온기로 더욱 따뜻하길 소망합니다.

이사야40장11절

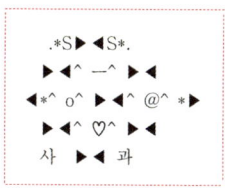

**문자 메시지 전도 · 양육**

지은이 ┃ 정요섭
발행인 ┃ 김용호
발행처 ┃ 나침반출판사

제 1 판발행 ┃ 2010년 10월 15일

등  록 ┃ 1980년 3월 18일 / 제 2-32호
주  소 ┃ 110-616 서울 광화문 사서함 1641호
전  화 ┃ 본  사 (02)2279-6321
         영업부 (031)932-3205
팩  스 ┃ 본  사 (02)2275-6003
         영업부 (031)932-3207

홈페이지 ┃ www.nabook.net
이 메 일 ┃ nabook@korea.com
         nabook@nabook.net

ISBN 978-89-318-1423-1  03230
책번호 마-4044

값은 뒷표지에 있습니다.

# 문자 메시지의 유익

## 1) 내 휴대폰에 저장되어 있는 이름들을 대부분 기억하게 된다.

문자를 매주 보내다보면, 휴대폰 속에 누가, 그리고 어떤 번호가 저장되어 있는지를 자동적으로 알게 됩니다. 전화번호가 저장되어 있는지 없는 지 무안할 때가 있습니까? 문자를 보내다보면, 내 폰 안의 모든 번호를 알게 됩니다.

## 2) 굴러다니는 돌멩이도 예사로 보지 않게 된다.

문자를 매주 보낸다는 건, 보낼 내용이 점점 줄어든다는 말이기도 하지요. 하지만 염려할 필요 없는 이유는, 문자를 위해서라도 굴러다니는 돌멩이조차 예사로 보지 않게 됩니다. 하나님의 손길과 의미를 찾는 능력이 자연 성장되었으니까요.

## 3) 오랜만에 만나는 친구여도 이야깃 거리가 풍성해진다.

문자를 지속적으로 보내다보면, 오랜만에 만나는 친구라 할지라도, 늘 곁에 있는 것처럼 느껴집니다. 오랜만의 친구, 첫 만남이 어색합니까? 문자를 보내면 염려 없습니다. 누구보다 더 친밀감을 표시해 올 테니까요.

## 4) 캔디폰의 염려가 사라진다.

일명 캔디 폰(외로워도 슬퍼도 울지 않는 휴대폰)으로 전락한 휴대폰들이 있지만, 매주 보내는 문자는 내 휴대폰을 외롭게 만들지 않습니다. 하루에 한 번도 울리지 않는 휴대폰의 주인입니까? 문자를 보내보세요. 답 문자와 통화는 이미 당신의 것입니다.

5) 휴대폰을 분실할 가능성이 작아진다.
휴대폰의 사용도가 높아지면서, 음식점에서도, 화장실에서도 쉽게 두고 나오지 않게 됩니다. 꾸준히 보내는 문자는 고가의 휴대폰을 분실할 위험으로부터 지켜주기도 합니다.

6) 주일 설교를 일주일 내내 잊지 않게 된다.
주일 예배에 참석하지 못한 이들을 위해서 그 주의 설교 말씀 가운데 핵심을 뽑아 보내 보세요. 그러다 보면, 자연스럽게 주일 설교 말씀을 한 주간 내내 기억하게 됩니다. 말씀을 기억하면, 그만큼 신앙도 깊어지는 법이지요.

7) 휴대폰으로도 빠르게 타이핑이 가능해진다.
문자를 매주 보내다보면, 컴퓨터 자판과 비슷한 속도로 휴대폰 타이핑이 가능해 집니다. 걸어 다니면서 문득 문득 아이디어가 생각날 때면, 휴대폰에 바로 바로 입력할 수 있네요. 따로 노트가 필요 없게 만드는 놀라운 기술을 습득하게 되었어요.

이 외에도 많은 문자의 유익은 보물을 찾듯, 직접 찾아보는 센스를 발휘해보세요~ ^^